符号经济视野下的地方文化产业研究

——以宜宾为例

彭贵川 谢美英 彭茂轩 著

图书在版编目（CIP）数据

符号经济视野下的地方文化产业研究：以宜宾为例／彭贵川，谢美英，彭茂轩著．— 成都：四川大学出版社，2022.6
ISBN 978-7-5690-5316-6

Ⅰ．①符… Ⅱ．①彭… ②谢… ③彭… Ⅲ．①地方文化－文化产业－产业发展－研究－宜宾 Ⅳ．① G127.713

中国版本图书馆 CIP 数据核字（2022）第 009944 号

书　　名：	符号经济视野下的地方文化产业研究——以宜宾为例
	Fuhao Jingji Shiye Xia de Difang Wenhua Chanye Yanjiu——Yi Yibin Wei Li
著　　者：	彭贵川　谢美英　彭茂轩
选题策划：	李思莹　杨　果
责任编辑：	杨　果
责任校对：	张伊伊
装帧设计：	墨创文化
责任印制：	王　炜
出版发行：	四川大学出版社有限责任公司
地　　址：	成都市一环路南一段 24 号（610065）
电　　话：	（028）85408311（发行部）、85400276（总编室）
电子邮箱：	scupress@vip.163.com
网　　址：	https://press.scu.edu.cn
印前制作：	四川胜翔数码印务设计有限公司
印刷装订：	成都新恒川印务有限公司
成品尺寸：	170 mm×240 mm
印　　张：	10.25
字　　数：	196 千字
版　　次：	2022 年 7 月 第 1 版
印　　次：	2022 年 7 月 第 1 次印刷
定　　价：	58.00 元

本社图书如有印装质量问题，请联系发行部调换

版权所有 ◆ 侵权必究

四川大学出版社
微信公众号

前　言

人类社会的文化交流主要是通过符号来完成的，人类文化成果的创造也是以符号为媒介来完成的，文化的传承积淀乃至贮存通过符号的方式得以实现。人们借助符号创造文化，借助符号从事文化生产和文化交流，并通过创造丰富多彩的文化符号，体现人类特有的文化属性和社会属性。

德国哲学家卡西尔认为，一切文化形式都是以符号的方式来呈现的，所以应当将人定义为符号性质的动物。人们的内在思想情感都是通过符号来传递和建构的，人们对世界与人生的感觉及情绪表达也主要是通过听觉符号、语言符号、视觉符号、文字符号、形体符号和品牌符号等系列符号系统来完成的。这些符号涵盖了人的眼、耳、鼻、舌、身等感觉器官，成为人与外部世界沟通的重要载体。确切地说，如果没有符号的介入，文化的生产、交流与消费将变得十分困难。

就其本质来说，文化产业是将商品作为消费符号体系进行生产的结果。文化产品创意开发者根据历史文化符号所蕴含的精神内涵创设消费产品，这种产品就是具有精神价值的消费产品。如图书、影视等产业是对语言符号、视觉符号的生产销售，文化旅游则是通过深度挖掘特定地点的历史文化符号，将旅游观光与文化体验融为一体，通过声音、文字、图像、画面、场景符号展现地方特色，满足消费者对文化的特定需求。

人的精神创造活动是一种符号活动。人之所以能够感觉和把握精神文化脉络，是因为可以通过符号来把握人们的精神诉求方向及特点。文化本身是一个抽象名词，不像其他商品具有实物感，但是我们可以借助符号来完成具象化。例如要唤醒家国情怀，我们可以用唐诗宋词、楚辞汉赋、"四大发明"及李白、杜甫、陶渊明等文化符号来表达，这就将抽象的文化现象具象化了，中间的媒介就是文化符号。

上述现象充分说明，文化的表达需要符号来实现，具有一定共同属性的符号体系就能够表达文化产业。文化产业作为消费社会的产物，背后是消费者的精神诉求，体现着消费者对于娱乐、思想、益智的追求。

文化成为产品是因为调动了符号这个中介，赋予了符号意义与价值内涵，使产品在使用价值的基础上还具备了精神价值。

我国对于文化产业的界定：凡是向公众提供的具有精神消费性质的产品和服务都属于文化产业范畴。资料显示，2020年，中国文化及相关产业增加值为44945亿元，比上年增长1.3%，占GDP的比重为4.43%。

随着人民生活水平的提高，人们对精神生活的要求不断提高，相应的文化产业规模也在不断扩大，并且与其他产业呈现出越来越深度融合的态势，比如文化与传统制造业、文化与旅游业、文化与农业、文化与餐饮业逐渐融合后出现第一、第二、第三产业相互渗透的情况。

只有将文化生产行为与文化消费行为进行同频共振式研究，才能把握文化产业发展的轨迹，才能将产品品牌与文化内涵深度融合，从而唤醒人们特定的精神价值诉求。从某种意义上讲，文化产业是由一系列具备文化内涵的符号构成的，而文化消费就是对具备相应文化内涵的符号的消费。把握文化产业的关键就是对文化符号和文化符号内涵的认知。符号可以体现人类文化的三大特征：一是精神要素，二是表达要素，三是语义规范要素。由于符号的这些特征，它与商品结合就产生了符号经济，有别于独立的商品经济，所以符号经济被认为是文化产业的本质。符号经济要求生产者提供的产品不仅具有商品功能，还应该具有文化功能，符合消费者潜在的精神文化诉求。符号的寻找、分配和消费是定义符号经济的核心要素。

文化产业需要打造具有文化内涵的品牌，将文化符号与产品深度融合，将抽象的文化具象化，从而建构起产品文化消费体系。文化产业高度依赖文化符号，文化符号需要品牌化，这是形成文化产业的关键。商品品牌的形成包含两方面的要素：一是要具备传统意义上的使用价值，二是必须具备文化属性。

文化资源、文化历史、文化传承、文化底蕴是形成文化商品品牌的独特要素，也是形成文化产品的关键因素，因为只有文化的赋能才能让普通商品具备独特的艺术张力。文化产品具有商业属性和精神属性，文化特征贯穿于文化产品的设计、生产、消费等所有环节。

所谓地方文化产业，它的特征有二：一是要具备文化产业的普遍意义，二是要具备鲜明的地域特色。地方历史文化是地方文化产业的灵魂，可以通过地方历史文化符号来彰显地方特色文化的辨识度，增强对地方历史文化的凝聚力与向心力，从而成为推动地方文化产业发展的驱动力。

地方文化产业的发展，其背后的重要支撑因素是地方经济社会发展诉求。地方文化产业的发展要强调以地方文化元素为主体，以地方文化产业发展作为思考的出发点，以地方特色，地方条件，地方资源，地方已有的文化资源如名人、文物、产业、品牌、自然景观和历史人文景观等元素为基础，结合现代资本、知识、技术、制度等，创造出既保持原有自然文化生态又契合现代消费者精神文化诉求的产品。通过促进文化与产业的融合，构建地方文化产业生长模式，从而达到振兴地方经济的目的。

宜宾位于川滇黔三省结合部，地处四川南部，是著名的中国白酒之都。宜宾拥有2200多年的建城史、3000多年的种茶史、4000多年的酿酒史、2000多年的种竹及生产竹制品的历史，是中国历史文化名城。宜宾历史文化符号众多，是长江上游最为悠久的历史文化胜地之一。宜宾文化历史资源丰富，有抗战文化、红色文化、酒文化、茶文化、竹文化、饮食文化、哪吒文化、僰人文化和大江文化等。

宜宾是全国"推进建设"的40个全国性交通枢纽城市之一，四川省第二大交通枢纽城市，规划有7条高速铁路、11条高速公路。宜宾是通往东南亚的重要门户，是连接中国中部和西部的交通枢纽。宜宾所在的川南经济区直接连接了成都平原经济区和攀西经济带；作为四川南向开放枢纽门户，还连接了成渝经济圈、云南和贵州经济区，直通东南亚。

宜宾历史文化资源与自然旅游资源极其丰富，自然景点众多。截至2020年，宜宾有文化类资源86659项、旅游资源11144个、4A级景区15家。

本书以四川省社会科学界联合会重点委托课题"符号经济视野下的宜宾文化产业研究"为基础，经过多年深入的调查研究而完成。本书也是宜宾第一部以符号经济为出发点来研究地方文化产业的专著。本书从符号经济视角出发，对宜宾白酒产业、竹产业、茶产业、饮食产业、文化创意产业的发展现状、发展趋势、发展特色、发展潜力等要素进行了分析，提出了各类产业在文化符号牵引下的发展策略。

实际上，文化产业是一个相当宽泛的范畴，本书的研究范围仅限于宜宾具有悠久历史文化传统的五个产业，还有很多产业未纳入研究视野，留待后来的专家学者探幽揽胜。本书是研究地方文化产业的一次尝试，希望能够对地方文化产业研究起到抛砖引玉的作用。

彭贵川

2021 年 5 月

目　录

第一章　文化产业与符号经济……………………………………（001）
　第一节　文化的概念与界定……………………………………（001）
　第二节　文化符号………………………………………………（005）
　第三节　文化产业………………………………………………（008）
　第四节　符号经济………………………………………………（021）

第二章　宜宾文化产业发展现状及发展规划……………………（029）
　第一节　宜宾文化产业发展优势………………………………（029）
　第二节　宜宾文化产业发展瓶颈与机遇………………………（033）
　第三节　宜宾文化产业发展面临的挑战与发展规划…………（036）

第三章　宜宾白酒产业发展现状及发展研究……………………（045）
　第一节　宜宾白酒产业发展现状………………………………（046）
　第二节　宜宾白酒产业发展战略………………………………（050）
　第三节　宜宾白酒产业发展规划………………………………（055）

第四章　中国竹文化与宜宾竹产业发展…………………………（057）
　第一节　古往今来竹文化………………………………………（057）
　第二节　竹文化符号解读………………………………………（061）
　第三节　宜宾竹产业发展现状及发展规划……………………（063）
　第四节　江安竹工艺……………………………………………（068）

第五章　宜宾茶文化与茶产业发展………………………………（088）
　第一节　宜宾茶文化管窥………………………………………（090）

第二节　宜宾茶产业发展概况……………………………………（100）
第三节　创新驱动，打造茶文化名片……………………………（102）
第四节　茶生态文化保护与开发
　　　　——以宜宾国家农业科技园区为例………………………（109）

第六章　宜宾饮食文化与饮食产业发展……………………………（118）
第一节　宜宾饮食概况……………………………………………（118）
第二节　宜宾传统特色菜肴………………………………………（120）
第三节　别具一格的宜宾小吃……………………………………（125）
第四节　风味独特的上乘佐料……………………………………（129）
第五节　奇特美妙的竹类食品……………………………………（130）
第六节　宜宾饮食产业的发展对策与建议………………………（133）

第七章　宜宾文化创意产业发展现状及发展对策…………………（136）
第一节　文化创意产业发展历程…………………………………（136）
第二节　文化创意产品及相关概念………………………………（138）
第三节　宜宾文化创意产业发展现状……………………………（139）
第四节　宜宾文化创意产业发展对策与建议……………………（141）
第五节　宜宾文化创意产品开发创新策略………………………（143）

参考文献……………………………………………………………（147）

后　记………………………………………………………………（154）

第一章　文化产业与符号经济

第一节　文化的概念与界定

文化在中西方语言体系中是一个历史的、复杂的概念,由于古今不同及中外差异、广义表达与狭义表达等多重原因,现行文化定义表述多达百种。从原初意义上讲,中西方"文化"在内涵上有巨大的差异,但又有诸多的共通因素。所以,厘清文化概念成为理解文化产业的首要条件。

一、国外学者对"文化"定义的探讨

在西方,"文化"(英文 culture,德语 kultur)一词来源于拉丁文 cultura,原意是指耕作土地、饲养家畜、种植庄稼等。此后,"文化"的意义从最初的物质活动向精神实体延伸、转变。15 世纪以来,人们把对人的品德塑造和能力培养称为文化,后来逐渐引申出教化、修养、文雅、智力发展、文明、风俗和习惯等多重意义。法国著名思想家卢梭在《社会契约论》一书中提出文化是习俗、习惯,在他看来,文化有以下特点:第一,文化铭刻在人们内心深处;第二,文化的诞生是一个缓慢的过程;第三,文化在某种意义上维系着人们对法律的认知意识。[①]

此后,学界为解决不同问题从不同的研究视角提出和使用不同的文化概念。

康德认为,文化是一个理性概念,并且具备一定的实体形态。文化的产生

[①] 王威孚、朱磊:《关于对"文化"定义的综述》,《江淮论坛》,2006 年第 2 期,第 191 页。

是有目的指向的，文化的创造需要持之以恒的能力。

伏尔泰认为，文化既是一种训练又是一种修炼。修炼的主要是心智与思想、趣味与情趣，从而产生一种结果和形态，是受过教育的人才能具备的成就。文化通过风度与文字、艺术与科学的方式呈现，用来描述知识与精神及美学发展的一般过程。

马克思和恩格斯认为，人类的生产活动是文化的起源。1876年，恩格斯在《劳动在从猿到人转变过程中的作用》中指出，文化作为意识形态，借助于意识和语言而存在。文化是人类特有的现象和符号系统，文化就是人化，人的对象化或对象的人化起源于劳动。①

1871年，英国"人类学之父"泰勒在《原始文化》中将"文化"定义为人类社会所有习得的、共享的观念和行为，"文化，或文明，是包括全部的知识、信仰、艺术、道德、法律、风俗以及作为社会成员的人所掌握和接受的任何其他的才能和习惯的复合体"②。

20世纪30年代，英国人类学家马凌诺斯基在其代表作《文化论》一书中继承和发展了泰勒的文化观念，"文化是指那一群传统的器物、货品、技术、思想、习惯及价值而言的，"并且包括社会组织。③

曾荣获1915年度诺贝尔化学奖的德国学者奥斯瓦尔德认为，人类思想史发展的所有科学，如哲学、历史学、社会学、心理学及人文学等都属于文化的范畴，主张将文化学置于现代科学体系的最高处。

英国著名学者A.布洛克和O.斯塔列布拉斯对上述定义方法提出了质疑，两位学者指出，单靠列举方式来定义抽象的概念无法涵盖文化的全部内容。他们重新界定了"文化"的概念："一个共同体的'社会遗产'：由一个民族（有时是故意的，有时是通过未能预见的相互联系及其结果）在他们特殊生活条件下不断展的活动中创造并且（虽然经过各种程度不同的变化）从一代传向一代的物质手工艺品（工具、武器、房屋、劳动、崇拜、政府、娱乐场所、艺术品等等），集体的思想和精神制品（各种象征、思想、信念、审美观念、价值标准，等等的体系），以及各种不同的行为方式（各种制度、群体、仪式、组织方式等等）的总体。"④ 实际上，文化就是人类创造的物质财富与精神财富的

---

① 孟宪平：《文化体认流变的多维审视及现实启示》，《探索》，2009年第1期，第108页。
② 泰勒：《原始文化》，连树声译，上海文艺出版社，1992年，第1页。
③ 马凌诺斯基：《文化论》，费孝通译，华夏出版社，2002年，第2页。
④ A.布洛克、O.斯塔列布拉斯：《枫丹娜现代思潮辞典》，社会科学文献出版社，1988年，第142页。

总和。该定义被广泛运用。

与前述"文化"概念不同的是,认知人类学的代表人物古迪纳夫认为,文化是通过对物质现象进行分类而得到的认知模式。所谓某个社会或者族群的文化形态,它不是体现为该族群的事物、人、行为以及情感状态,而是组织事物、人、行为和情感状态的约定、概念和原则。文化被族群的每个成员所认可和坚持,并被内化,每个社会成员都能理解并且叙述或阐释。

美国人类学家哈维兰将"文化"定义为人们的价值观和信仰:文化是一套规范或标准,当社会成员根据这种文化标准行动时,行为应该局限于社会成员认为其变化是适当的和可接受的。

从整个文化的角度来看,多伦多大学的教授 D. 保罗·夏佛认为,文化应该是一个有机整体,具有能动性,它与人们观察世界和解释世界的行为联系密切,涉及组织行为、指导行为、生活方式,以及如何在世界上建立自己的地位。

上面仅列举了部分关于文化概念的代表性表述,仍然有众多的关于文化概念的表述限于篇幅未能提及。

二、国内学者对"文化"定义的研究

在古代汉语中,"文化"一词最早可追溯到《易经·贲卦·象传》:"故小利有攸往,天文也;文明以止,人文也。观乎天文,以察时变;观乎人文,以化成天下。"

孔颖达云:"观乎人文以化成天下者,言圣人观察人文,则诗书礼乐之谓,当法此教而化成天下也。"从孔颖达的解释来看,"文化"的初意是"文治和教化"。"文"指线条交错的图形、花纹,引申为文字、文章、文采,也指礼乐制度、法律条文等。《周易·系辞》:"物相杂,故曰文。"《礼记·乐记》:"五色成文而不乱。"《说文解字》:"文,错画也,象交文。""化"的本义是"变化""教化",意为通过社会或他人的影响,使之发生变化,又引申为造化、大化等义。《庄子·逍遥游》:"化而为鸟,其名曰鹏。"《周易·系辞》:"男女构精,万物化生。"《黄帝内经·素问》:"化不可代,时不可违。"《礼记·中庸》:"可以赞天地之化育。"从"文""化"两字的起源来看,"文化"以礼乐制度教化百姓的意义非常明确。

汉代刘向《说苑·指武》:"凡武之兴,为不服也,文化不改,然后加诛。"南梁萧统《文选·补亡诗》:"文化内辑,武功外悠。"南齐王融《曲水诗》中的"设神理以景俗,敷文化以柔远"则将"文""化"连用,有"文明""文治""教化"等含义,表示对人性情的陶冶、品德的教养。

20世纪20年代,梁启超在《什么是文化》中提出:"文化者,人类心能所开释出来之有价值的共业也。"① 蔡元培在《何谓文化》中将文化认定为人生发展的状况。

梁漱溟在他的专著中提出"文化是生活的范式"。他将生活的范式分为精神生活、物质生活和社会生活三个领域。

钱穆在《中华文化十二讲》中认为文化即是人生,文化是我们大群体人生一总合体,亦可说是此大群体人生——精神的共业。

当代学者对"文化"这个概念包含的内涵与外延的分析研究仍在持续。

任继愈、宋蜀华、李学勤以跨学科视野看待"文化",认为"文化"是一个跨学科的概念,各个方面都牵扯到文化。文化大体分为两类:第一类是生活文化,吃、喝、穿戴、舞蹈等,这种文化形态每个民族都存在;第二类是意识文化,这是文化发展的较高阶段,当抽象思维升级发展到较高程度才会产生,比如哲学、艺术、诗歌、著作等。②

金元浦认为,文化是人类改造世界的一种巨大力量,可以称为文化生产力,它与经济、政治相对应且在文化领域内塑造历史的一种力量,三者相互渗透、影响、矛盾和转换。一定的文化是在一定的文化领域里进行的,而文化领域是由各种文化力量相互作用形成的。文化是文化共同体所共有的,它代表了人的行为或者意识。文化是在社会生活中慢慢习得的,不是天生的。文化是人类多元化发展的产物,每个民族地域文化都有其独特的文化形态,因为各族群的文化形态都以不同的价值指向和民族精神为方向性主导。在任何一种文化形态中,人们的精神和行为往往是一致的。③

张晓明、李河认为,文化是人类在精神世界范畴的表达方式。这种表达不只是指精神,即一个抽象的人的目的或理想需要通过有形的方式才能得以呈现,同时也指文化作品一开始源于个体的创造性活动,最终还必须得到一个集体、社会、传统的认同,才能获得生生不息的生命力。在这种意义上,文化的

---

① 张岱年、方克立:《中国文化概论》,北京师范大学出版社,1994年,第4页。
② 任继愈、宋蜀华、李学勤等:《坚持科学发展观 推动文化建设与发展——"文化建设与发展"座谈会发言要点摘登》,《文艺理论与批评》,2004年第3期,第9页。
③ 金元浦:《中国文化概论》,中国人民大学出版社,2007年,第7页。

本质就是具有公共属性。①

熊澄宇认为，文化的形式有两种层次：第一种是有形的，第二种是无形的。有形文化形态通常指有形状、可触摸、看得见并且摸得着还能感受得到，包括文学作品、文艺形态、文化遗产等。无形文化形态通常指可感知的文化，主要是指意识形态、行为方式、政治体制、社会架构等。文化的有形和无形状态有一种综合性的形式，我们称之为地域文化形态。②

"文化"的概念有广义与狭义之分：广义的文化是指人类在社会历史进程中创造的物质财富与精神财富的总和；狭义的文化主要是指以抽象的意识形态为指向，表现形态为精神财富构成的系统，包含了宗教、伦理、风俗、道德、学术、文学、艺术、科技等各种系统。

一般情况下，人们更倾向于将文化视为社会意识形态及与之相适应的制度及组织结构，而就文化的构成而言，文化应是一个多层次的系统。何晓明曾对不同学者关于文化构成的观点进行概括梳理，认为现在大约有四种观点：一是物质文化系统与精神文化系统的"两分法"，二是物质文化、制度文化、精神文化"三分法"，三是物质文化、制度文化、风俗文化、思想与价值"四分法"，四是物质文化系统、社会关系系统、精神文化系统、艺术文化系统、语言符号文化系统、风俗习惯文化系统"六分法"。③

综上所述，"文化"作为一个在日常生活中使用频繁的概念，其内涵既包括民族的生活方式，又关涉民族的生活态度。文化是人们长期努力创造的，是一种社会传承，包括信仰、价值观、习俗和知识，以及物理对象和器具。文化不是与生俱来的，而是后天习得的。价值观是文化最核心的部分，根据不同的价值观就可以区分出不同的文化特质。

第二节 文化符号

综观文化的不同定义，我们不难发现，尽管文化的含义错综复杂，但从其本质上讲，精神特质是其最核心的内容。在人类学家看来，人类的精神活动千

---

① 张晓明、李河：《公共文化服务：理论和实践含义的探索》，《出版发行研究》，2008年第3期，第5页。

② 熊澄宇：《关于文化大发展大繁荣的若干思考》，《哈尔滨工业大学学报（社会科学版）》，2009年第3期，第5页。

③ 庄孔韶：《人类学通论》，山西教育出版社，2002年，第21页。

差万别,但有一点却是共通的,那就是具有文化韵味,起着传达社会意义"符号"的作用,是一种符号活动。

一、符号的创造

"符号"的意义是其具有独特的"代表性标签",意味着其有别于其他事物,如语言与文字、数学符号、图像和音乐、面部表情状态、嗅觉与触觉、礼仪与风俗等。现代德国哲学家恩斯特·卡西尔(Ernst Cassirer,1874—1945)在《符号形式的哲学》和《人论》中提出了"符号是人这种动物创造的"[1],以此作为基本出发点,从常识意义层面来解释"符号",提出了符号的共同协议性质——如果用来标记某一特定对象,它包括通过人的任何感觉形式来显示事物的全部内在特质,通过这些现象可以感觉到的东西就是对象,就是表现,就是意义的全部。

卡西尔认为,在所有的文化现象中,没有符号的存在就没有文化的存在,"没有外在的符号表现系统,人们的生活就像洞穴里的囚犯,就像柏拉图的生活会局限在他的生理需求和物质利益的狭小范围内,没有人会找得到通向光明理想世界的道路"[2]。在他看来,符号有两层含义:一方面,它既是意义的载体又是精神外化的形态化呈现;另一方面,它有一个可以感知的客观形态。"文化符号"是人类文明发展留下的蛛丝马迹,也是一些文明成果的体现方式,往往表现为节日、警言和多种艺术样态、各种活动名称、商品的各种品牌等。

在卡西尔看来,人与符号和文化的呈现方式是三位一体的,人创造了符号,人类文化的整个发展都离不开符号的思维和活动。符号是人的意义的载体,它使人摆脱现实世界,进入符号世界。符号不是纯粹的物质,它是有形的物质形态和无形的内在意义形态的完美统一。在符号世界中,既有看得见、摸得着的物质形式,也有看不见、摸不着的内在精神意义。因此,将其解读为正式的记号或符号不应是片面的,要认识到其内外的意义承载。符号的建构是建立感性符号与其意义之间的联系,并将其呈现在我们的感觉和意识中。在"文化符号系统"中,作为文化内容的精神活动是无形的,人类能够感知和掌握一定的文化内容,是对某种形式的符号使用和理解的结果。

---

[1] 恩斯特·卡西尔:《人论》,甘阳译,上海译文出版社,1985年,第34页。
[2] 恩斯特·卡西尔:《人论》,甘阳译,上海译文出版社,1985年,第53页。

二、符号的"能指"与"所指"

索绪尔是符号分析体系的首创者,他率先提出了符号是"能指"与"所指"的集合,"能指"意味着符号的物质构成,"所指"意味着符号表示的概念、内容。进一步理解,"能指",就是具体的语言符号;"所指",就是语言符号所能够表达的事物与概念,也就是所要表达的意义,或者说是所能被理解的意义。

"能指"作为符号的外在物质形式,其本身并没有意义,只有在事物的关系网中才有意义。"能指"和"所指"都是任意的和确定的。符号系统中的"任意性"指的是"能指"和"所指"二者之间的关系没有确定性,是随意的,因为"能指"可以赋予它任何"所指"的意思。这种随意性通常被人们所接受。也就是说,"在音响形象(或能指'树'),也即概念(概念所包括的所指)和在大地上生长的实际的物质的树之间并无必然的'符合'之处"[1]。符号系统中的"确定性"包括以下几个方面的含义:"指"是符号系统的统一属性;"能指"和"所指"在符号系统中具有确定性;离开符号系统,"能指"就只是简单的标记方法,不具备任何意义;没有符号系统,"所指"就变得毫无意义;"能指"和"所指"二者之间的内在关系具有排他性质,这种性质只有作为一种约定的存在,才能被受众广泛接受。

三、文化符号的意义

符号作为客体的参照形式,其特殊功能在于可以生成人性以及建构文化。当人类选择不同的符号作为代表各种事物的中介以后,文化所蕴含的精神内容——哲学体系、艺术体系、宗教体系、道德体系和其他复杂的抽象事物都是通过符号这种介质来表达思想内容,而自己成为隐藏的符号,也就是藏在背后的"能指"和"所指"。表达特定的物质文化形态,比如服装与食物体系、语言和声音体系、色彩和线条体系等,已经成为符号系统中最重要的"能指"。文化在内容的创作本质上是符号的创作过程,消费者通过消费这些符号获得精神上的满足感。总之,符号是文化的载体,符号构成了文化的核心内容。

在人类社会中,文化具有极强的传播力与凝聚力,绵延不绝的人类文化依

---

[1] 特伦斯·霍克斯:《结构主义和符号学》,瞿铁鹏译,上海译文出版社,1987年,第16页。

赖的载体就是符号，人类文化的创造过程、积累过程、储存过程都离不开符号这个特殊的媒介。我们的一切意识都是通过语言符号来传递、建构、解读和传播的。符号系统在人类社会中发挥着至关重要的作用，沟通着人与人、人与自然、人与社会，符号系统完成了物质文化系统和精神文化系统的建构。

第三节　文化产业

一、文化产业的界定

全球学术界对文化产业的概念进行了长达半个多世纪的深入探讨。然而，由于不同的国情、不同的文化背景、不同的研究立场、不同的视角和方法，对文化产业的内涵和外延存在各自不同的理解与表达。美国是根据内容来理解的，所以将文化产业称为版权产业；英国和澳大利亚将文化产业表述为创意产业；西班牙表述为休闲娱乐产业；日本表述为娱乐旅游观光业；中国、韩国及欧洲许多国家如法国、德国等表述为文化产业。

我国对文化产业的界定：凡是向公众提供的具有精神消费性质的产品和服务都属于文化产业范畴。

科学技术的高速发展促进了经济的全球化，一系列和文化产业相关的概念纷至沓来，充分体现在信息产业、媒体产业、出版业等领域。文化产业的发展使人们对它的态度有了转变，人们开始从不同视角去理解和定义文化产业及其符号，在知识界、产业界催生了一系列权威的理论与实践，为更好地把握文化产业的发展走向奠定了坚实的基础。

德国的阿多诺和霍克海默从艺术、哲学的立场出发，认为文化产业就是通过技术手段对文化产品进行符号式的传播与消费，并形成庞大的文化产品产业链条和体系。它包括前工业时代生产的文化产品，如各种书籍和海量的各类报纸；工业化时代，符合大众需求的大量文化产品更是如雨后春笋般蓬勃生长，如有声广播和各种类型的电影。

通过对文化产业内涵与外延的定义性考察，国内外研究者基本达成了共识：第一，文化产业既是经济概念又是产业概念，它不是虚无缥缈的抽象概念，而是通过看得见、摸得着的载体呈现出内在的精神力量，并为大众消费者所接受，从而推动某一个、某些或者众多的传统产业升级发展。第二，构成文化产业的基础要素一定是文化。所谓文化,就是人类创造的财富的总和,包含物质财富和精神财富。文化产业的外在载体就是产品,比如运动鞋只是一个产品,但是一旦运动鞋与奥运会的五环标志相结合,就变成了具有体育文化内涵的产品,承载了体育文化产业内涵。第三,文化创意是文化产业的灵魂,文化产业的终极目标还是要指向商业价值,重点是利用工业化的手段来管理文化和传播文化。因此,我们可以将文化产业的概念定义为:文化产业是基于文化的意义,以产品为第一载体,以服务为第二载体,通过外显的物质形态体现内在的非物质属性,以创设新的内涵也就是创意作为基本媒介,满足消费者的精神需求,在市场中获取效益(社会效益和经济效益)的行为活动。这些活动构成了特定的产业链条,优化了产业结构。

业界与学术界对文化产业的外延没有完全达成共识,目前全球各个国家因各自国家的文化背景情况、政策法规情况、经济实力情况等方面都存在差异,所以表现为对文化产业归类和内容的界定上各不相同。

代表性组织及国家对文化产业的分类情况如下[1]:

联合国教育、科学及文化组织:视觉艺术、表演艺术、音频媒体、文化遗产、著作文献与出版印刷、音乐、社会文化活动、视听媒体、环境和自然、体育和游戏等10类。

第三版国际标准产业分类:文化内容发源(书籍、音乐、报刊和其他相关资料的出版、软件咨询和供应、广告业、摄影活动、广播电视、戏剧艺术、音乐和其他艺术活动);文化产品的制造(电子元件制造,电视广播发射器和电话机装置的制造,电视广播接收器、磁带、录像机装备和附件的制造、光学仪器和摄影仪器的制造、乐器的制造);文化内容的翻印和传播(印刷业、录制媒体的再生产、电影和录像的制作与发行、电影放映);文化交流(其他娱乐业、图书馆和档案活动、博物馆活动、历史遗迹和建筑物的保护)。

加拿大:信息文化产业(出版业、电视广播、电影和录音业、互联网、信息服务业、电信业);艺术娱乐和消遣(演艺、游乐、体育、赌博和娱乐业、古迹遗产机构)。

澳大利亚:文化遗产和古迹(自然遗产和保护、图书和档案馆、博物馆等);艺术活动(表演艺术、文学作品创作、出版和印刷、音乐创作表演及出版、影视广播等);体育健身娱乐;文化产品制造销售;其他文化娱乐类。

美国:文化艺术业(表演艺术、艺术博物馆);影视业;图书出版业;音

---

[1] 欧阳坚:《文化产业政策与文化产业发展研究》,中国经济出版社,2011年,第44页。

乐唱片业。

英国：（创意产业）建筑、广告、古董艺术、时尚设计、手工艺、设计、电影、音乐、电视和广播、互动休闲软件、表演艺术、出版和软件等13个部门。

欧盟：（内容产业）制造、开发、包装和销售信息产品及其服务的产业，包括各种媒介上所传播的印刷品（报纸、杂志、书籍等）、音像电子出版物（联机数据库、音像制品服务、电子游戏等）、音像传播（电视、录像、广播和影视），以及用于消费的各种数字化软件等。

日本：（内容产业）电影、电视、影像、音响、书籍、音乐、艺术等。

韩国：影视、广播、音像、游戏、动画、卡通形象、演出、文物、美术、广告、出版印刷、创意性设计、传统工艺品、传统服装、传统食品、多媒体影像软件、网络及其相关的产业。

中国：出版发行业（电子出版物、音像制品和报刊）；影视业（放映场所、制作发行等）；演艺业（表演团体、演出场所、服装舞美、灯光音响、乐器生产等）；娱乐业（文化旅游、文化主题公园、电子游戏、歌舞厅等）；网络文化业（网吧经营、网络游戏、网络视听、手机文化娱乐服务等）；文物和艺术品业（文物复制与营销、艺术品交易、工艺品生产和销售等）；文化中介服务业（主要包括文化代理、产品租赁和拍卖、文化产权评估和交易等）；广告和会展业（主要包含广告策划与创意设计、各种文化的会展和服务等）。①

随着科学技术的发展，文化产业进入了一个崭新的发展阶段，呈现出新的文化产业经济模式。现代科技对传统产业的渗透无处不在，以至于文化产业的范畴无限延伸，传统产业与文化产业的界限变得越来越不清晰，传统意义上的文学呈现方式、电影呈现方式、电视呈现方式、艺术呈现方式、音乐呈现方式、舞蹈呈现方式都发生了翻天覆地的变革。很多传统意义上有文化内涵的产业在日新月异发展的技术支持下相互融合，呈现出新的产业模式，传统意义上的教育模式、旅游模式、建筑形态、体育形态、互联网形态都在信息技术的深度介入下呈现出兼收并蓄的业态并受到消费者的追捧。同时，文化遗产的价值也被充分挖掘出来，进入市场经济的范畴，研究并保护文化遗产的视野也发生了根本性变化，研究者更乐于将文化遗产包装成为一个盈利的产业而不只是停留在保护和传承的视野下。信息时代视野下的文化产业在生产环节、储存环节、沟通环节、咨询环节、规划环节都有文化的基因在起作用。

---

① 安宇、田广增、沈山：《国外文化产业：概念界定与产业政策》，《世界经济与政治论坛》，2004年第6期，第6~9页。

二、文化产业的研究现状

从全球视野下对文化产业研究的角度来看,在20世纪上半叶就有学者对文化产业的定义进行了辩论。文化产业这个概念首先由法兰克福学派的领军性人物阿多诺和霍克海默于1947年提出。但是,这两位学者对文化产业的内涵与外延进行了批评,他们认为文化产业控制在资本家手中,会改变文化产业本身的性质,资本家追逐利润的本性会让文化产业变味,资本家也会因为同样的原因使用文化产业的手段对工人的情绪进行操控,从而掌控大众的意识形态。这个观点带有明显的阶级色彩,强调了资方和劳方的阶级差异,而忽略了文化产业本身的发展,因为文化产业的发展肯定离不开资本的进入。由于这个原因,西方学术界对文化产业发展理论进行了长期的争论。这场争论导致文化产业从若隐若现的状态走向了产业前台。自法兰克福学派的观点提出以来,西方学术界就研究了两个主题:文化产业的研究以及文化产业理论的应用。法兰克福学派站在意识形态的角度去定义文化产业,他们只看到了问题的一个方面,而忽视了问题的其他方面,从某种程度上讲是阻挡了文化产业的发展,好在事物的发展是不以人的意志为转移的,文化产业还是按照自身的逻辑在全球蓬勃发展。

(一)法兰克福学派眼中的文化产业

法兰克福学派学者阿多诺与霍克海默首次提出了文化工业的概念,将文化工业与文化产业和其他产业相提并论,实际上并没有将工业产品与文化产业区分开,没有将工业产品与文化产品的关联及关系解读清楚。实际上,工业产品可以依托文化元素从而成为文化产品,工业产品只是文化产品的载体,文化产品要高于工业产品。他们还提出了文化产品产业这一独特的概念。在他们的视野中,文化产业所生产的产品还是要与工业产品一样符合大众的消费需求。实际上,工业产品与文化产品的不同在于精神消费与实物用度消费。他们认为文化产品也可以像其他产品那样由流水线机械化进行产出、流通和消费。产业文化、产品文化在他们那里完全没有区分度。他们看不到文化商品之于工业商品的多样性和精神内涵性,找不到艺术创意,看不见文化成分,文化包容精神与自由精神，批判精神与思辨精神荡然无存。[①] 由此产生的结果就是没有什么高雅艺术，只看到商品的使用价值，完全忽略商品的精神价值。

本雅明同为法兰克福学派的核心人物，他的观点与阿多诺的观点截然不同，他并不像阿多诺那样对文化产业持完全反对的态度。本雅明对文化产业的态度非常乐观，同时对文化工业也相当认可，他承认文化产品具有积极的历史意义和现实的精神价值。他认为工业化生产的不是艺术本身，而是以某些特殊形式存在的物品，艺术在工业化面前得到了极大的改变，艺术品创造者要保持好作者的绝对客观身份，不必参加产品的生产过程，应该利用新技术手段让艺术品以及艺术的功能在社会中发挥出最大的效应。他指出，现代技术对文化产品的复制使艺术不再高高在上，只供极少数人赏玩[②]，它为文化产品、文化产业带来了更大的发展空间，从而为艺术的普及提供了更好的路径与通道。

法兰克福学派对文化产业的看法是不一致的，这导致大众文化的持续斗争。在 20 世纪 30 年代和 40 年代，阿多诺对文化产业批判的观点占据主流，到了 20 世纪 70 年代和 80 年代，本雅明对文化产业肯定的观点又成为主流。法兰克福学派的学者对文化产业的研究开创了文化产业研究的先河，西方文化产业开始逐渐从理论探索向实践发展。从幼稚到成熟，从争议到共识，西方学术界关于文化产业的界定争论了很长时间，而文化产业本身却在争论中发展，文化产业的内涵得到丰富，反过来又推动了理论研究的前进与成熟。

（二）伯明翰学派文化产业理论

英国的文化产业研究是伴随着 1964 年现代文化研究中心的建立兴起的，该中心被称为伯明翰学派，其代表人物包括威廉斯、豪尔、本尼特和菲斯克。一方面，伯明翰学派批评了法兰克福学派的观点；另一方面，伯明翰学派提出了文化产业理论的新观点。

在文化产业的理性思考方面，伯明翰学派对法兰克福学派有所继承，但是他们继承的是法兰克福学派对文化产业的思考，而不是法兰克福派的观点，他们的观点与法兰克福学派的观点是背道而驰的。伯明翰学派并不过分渲染技术对文化产业的过度干预，认为工业化对于文化产业只是一个起点，批判了法兰克福学派过于强调现代科技对文化生产的影响，反对将此作为思考的起点，而

---

① 霍克海默、阿多诺：《启蒙辩证法——哲学断片》，渠敬东、曹卫东译，上海人民出版社，2020 年，第 131~114 页。

② 本雅明：《摄影小史、机械复制时代的艺术作品》，王才勇译，江苏人民出版社，2006 年，第 14 页。

专注于从话语结构、意识形态、权力结构和其他微观角度来研究和分析文化产业。他们认为法兰克福学派过分强调消费者在文化接受过程中的被动性,过分注重文化产业的单边权力,过分注重文化产业在生产和消费当中的能动性和力量的自我释放性,从而忽略了消费者的主观能动性和选择性。伯明翰学派强调对高雅文化和流行文化的辩证认知,认为精英文化在现代社会中被过分扩张了,一般的下层劳动阶层也可以享受和参与文化内容的建构。

伯明翰学派在对文化产业概念的理解与阐释方面起到了开拓创新的作用。

第一,伯明翰学派对大众消费者进行了新的阐释定位,指出了大众消费者本身就是一个基本的社会族群,而且这个群体并不是一成不变的,他们会随着时代的变化而变化。大众在消费文化产品的过程中推动了文化产业的发展,文化产业的发展又推动了大众消费者精神审美诉求的升级。大众消费者受性别、年龄、阶层种族、经济地位、兴趣爱好、受教育水平等因素的影响,对文化产业进行着充满感性和理性消费的合理选择。

第二,伯明翰学派对文化和文化产业进行了重新定义。在《漫长的革命》一书中,伯明翰学派的代表人物威廉斯对文化的内涵和外延进行了三方面的定义:一是理想的文化定义,即文化是伟大传统中最优秀的思想和言论;二是文化的"文献式"定义,即文化是知性和想象性作品的总称;三是文化的"社会"定义,即文化是一种特殊生活方式的描述,文化不仅指人类优秀思想和言论,而且包括其他的知识形式、制度、风俗、习惯等。[①]

第三,伯明翰学派对消费进行了重新诠释。伯明翰学派认为消费者首先是社会人,然后才是大众消费者,所以观众不可能随随便便地受商业文化操控。根据约翰·菲斯克的说法,如果流行文化是"生产性脚本",那么大众消费者的身份首先应当是社会主体,然后才会感知文本主体。社会主体是受众对文本的反应和解释,其中包含了受众的理解和情感基础。

第四,伯明翰学派重新挖掘了文化产业的研究方法和研究路径。伯明翰学派认为应该使用两重聚焦法来集中研究大众流行文化。一方面,要高度关注大众文化意识形态方面的功能;另一方面,要研究公众是如何应对当下的制度系统,如何阅读并理解大众文化文本的。伯明翰学派提供了利用其物质资源创造大众文化的方式。正是在这些方面的发展和创新,伯明翰学派对于文化及文化产业的研究性描述得到承认,从而在文化产业理论研究中起到了承前启后的重要作用。

---

① 雷蒙德·威廉斯:《漫长的革命》,倪伟译,上海人民出版社,2013年,第58页。

(三)西方应用文化产业理论

与学院派倾向于对文化产业所产生出来的产品内容及意识形态进行分析不同,西方应用文化产业理论研究侧重于经济运作,倾向于用经济学、社会学和管理学概念探讨文化产业的生产、流通、传播等过程。诸如英国文化产业社会学家大卫·赫斯蒙德夫在《文化产业》中对文化产业所具有的特殊高风险性、再生产低成本性、文化产品的半公共物品属性以及对其经济产业结构的影响进行了总结与分析。① 英国著名媒体理论家尼古拉斯·加纳姆将文化产业定义为通过现代化的生产模式,在有效的工业企业介入下完成生产活动,类似于生产和传播文化产品和文化服务的社会机构。它在形态上有报纸期刊产业、图书与出版企业、音像制品公司、体育的商业化组织机构等。② 美国文化产业理论"教父"约翰·菲斯克关注受众的实践性、能动性和创造性,形成了自己独特的"生产性受众观"。此外,他还提出"金融经济"和"文化经济"的概念,认为大众文化在金融经济和文化经济两个领域中流动。美籍奥地利经济学家约瑟夫·熊彼特则提出了文化创新理论,阐述了知识和信息的生产、传播、使用是文化创新发展的关键性因素。澳大利亚经济学教授大卫·索斯比则指出了创意成果的文化价值决定着效用的大小,并将其模型化为"创意效用"。

总的来看,文化产业的应用理论研究与各国的文化产业实践、文化产业政策密切相关,侧重于文化产业化的理论探索,以期解决实际问题,其研究直接面向市场和消费者,在研究文化产品形态方面,对文化产品的创意和营销方面,还有对组建文化产业公司的理解和营运方面的理论研究甚少。在西方,基础理论研究在 20 世纪中叶就已经有相对完整的论述,而我国对西方文化理论及文化产业理论的研究不足,在应用研究方面还有很大的提升空间。

国外的研究成果显示,西方对文化产业的研究首先注重对产业理论的研究,他们把研究的重点放在经营活动方面,而文化产业的经营活动更是他们研究的重中之重。文化产业带来的经济价值是专家学者高度关注的要素,文化产业对经济社会的影响也是专家学者考虑的重点。这和西方学者比较重视实证与量化研究的方法有关,毕竟经济效益与社会效益都是需要使用客观科学的数据来说明的。从研究的对象来看,对文化产业概念定义的权威认同尚未形成;从研究的角度来看,突破了不同国家的政府设置的一些制约性规章,把私人企业

---

① 大卫·赫斯蒙德夫:《文化产业》,张菲娜译,中国人民大学出版社,2007 年,第 49 页。
② 苑捷:《文化产业行业界定的比较研究》,《理论建设》,2005 年第 1 期,第 61 页。

和政府经营管理的公共事业等同对待。他们呼吁政府重视本国传统文化中的张力因素,并对传统文化中的种种构成要素实施保护。他们希望通过提升国民的精神文化水平来提升文化产业的品质,通过提升文化的影响力来满足大众消费者对文化产品的消费需求,通过研究文化产业的理论与实践来引导文化产业的未来发展方向。从国外学者研究的视野看,他们认为文化产业应该包含影视产业、艺术产业、音乐舞蹈产业,这些在文化要素的干预下构成了新的文化产业营销模式与消费模式。文化产业越来越显示出其基本特点是高知识含量、高文化含量、高技术含量。考察国外学者的研究方法,我们发现他们的研究视野具有西方中心论的特点,对西方文化的优越性表达不遗余力,对东方文化的优秀基因选择性地视而不见,导致他们研究文化产业的方法相对单一,只对西方文化概念的文化产业给予关注,因此也只能做一般性而非普遍性的总结,其研究视野很难延伸至广阔的国际社会。没有研究文化发展的国别差异,对于东西方文化产业产生和发展的一般规律研究不足,导致他们对东西方文化产业的收益比分析缺少深入的研究。

（四）中国文化产业理论

与西方产业理论的研究相比,文化产业理论研究与文化产业本身在中国算是一个新生事物。国内学术界对文化产业的研究始于改革开放之初。相关资料表明,1985年3月6日《人民日报》第一次出现"文化产业"。1987年12月《求索》杂志刊载李军的《试论文化艺术的商品性质及其调节机制》,该文第一次在学术界研究中提出"文化产业"的概念。1988年6月《人文杂志》发表李建中的《论社会主义的文化产业》。这些就是较早专门研究文化产业的文章。[①]

自21世纪初开始,中国学术界对文化产业的理论研究蓬勃发展,其广度和深度不断延伸。目前国内已形成北京、上海、广东、四川等研究中心,成立了中国国家文化产业研究基地,文化和旅游部与中国社会科学院也相继成立了文化研究机构,北京大学成立了专门的文化产业研究机构,四川大学成立了文化产业研究中心等专门从事文化传播与文化产业基础理论、应用理论、管理决策理论研究的知名研究机构。受此"风向标"指引,国内涌现了大量优秀的文化产业研究成果,影响较大的著作有《文化产业论》《文化产业学》《文化产业的时代审视》《中国文化产业发展报告》《文化与符号经济》《文化资本论》《文

---

① 杨永生:《中国文化产业作用问题研究》,首都师范大学,2007年,第2页。

化产业经营通论》《文化产业的时代审视》《文化市场演进与文化产业发展》《文化产业导论》《文化产业比较案例》《21世纪文化产业前沿丛书》《WTO与中国文化产业》《中国文化产业国际竞争力报告》《中国文化产业年度发展报告》等。论文方面,截至2021年2月,在中国知网上篇名包含"文化产业"字样的各类研究文章达31469篇,关键词包含"文化产业"字样的各类研究文章达19433篇。

从内容上看,这些著作和文章既有从宏观上考察文化产业发展历史、前沿理论、系统过程、时代主题等的,也有从微观上探索地域强势文化产业发展道路的;既有侧重理论研究的,也有偏向实践应用的;既有从文化视角分析的,也有着重经济领域研究的;既有全局观照的,也有从局部入手深入研究的。尽管理论界对文化产业进行了全方位的研究,但在应用性和理论性方面的研究还有很大的提升空间。

三、文化产业的基本特点

文化本身具有很强的张力,这种张力带来了文化的多元性解读和多样性形态。文化产业不是独立存在的,它几乎可以存在于所有的产品中。文化产业要形成立体化的发展态势,这本身就是一个漫长而复杂的过程,所以我们有必要深入研究文化产业的特性,把握文化产业突飞猛进带来的发展机会。

(一)意识形态性与教育性

文化产业是文化与经济的"联姻",文化本身具有意识形态性,以文化为核心内容的文化产业无疑也具有超强的意识形态色彩。首先,文化产业的支配主体是人,不同种族、国家乃至地区的人具有不同的意识形态特征。其次,文化产业生产和服务的"内容"的变化集中反映了一定历史时期和社会发展阶段意识形态的变化。文化消费的演变实质上是意识形态的演变。最后,文化产业承载着一个社会的政治思想、道德观念和审美情趣,具有凝聚社会精神的政治属性和意识形态性。无论发展何种项目的文化产业,都不能忽视思想道德和教育科学文化建设,尤为重要的是文化产业的意识形态性还表现在国家之间通过输出文化商品传播自己的政治主张、价值观念,从而改变文化输入国大众的文化心态、知识结构、世界观、价值观。所以,自文化产业产生开始,它就成为西方实行新的和平演变的主要形式,只不过是手段更具温和性。正如哈佛大学学者约瑟夫·奈所言,在国际政治中,一个国家可以通过这样的方式来获得他想要的结果，其他国家追随它，欣赏它的价值，模仿它。从这个意义上讲，在国家政治中设置吸引其他国家的议程，其重要性并不亚于通过军事或经济力量来迫使他国改变，这种让别人想你之所想的力量称为软实力。这种力量吸引人而不压迫人。① 因此，文化产业在追求经济效益的同时，必须兼顾社会效益。实现经济效益与社会效益的统一是文化产业区别于其他产业的重要特征。

文化产业具有教育性与审美性，通过为消费者提供文化服务和文化产品，让消费者在愉悦中获得某些思想认识，增强其明辨是非的能力。这是因为在文化产品中包含精神层面的东西，这种精神往往是消费者以某些工业产品为载体，从而将感情、观念、兴趣、爱好、愿望等寄托其中。文化服务更是对文化消费者的思想政治观念、道德情操、个性性格等产生影响，对其精神世界进行不留痕迹的干预，从而让文化消费者体验到情感共鸣。人们能够从报纸、广播、电视、网络的新闻栏目中了解重大新闻和事件，能够从小说、戏剧、散文、电影等文学影视作品中感悟到共同的道德伦理、精神追求和价值取向，从而凝聚广大民众的向心力，起到教育和鼓舞民众的作用。

（二）知识性与符号性

文化作为产业，其支撑点就是知识。也就是说，在文化产业体系中，知识是最核心的要素。这种知识的获得必须是双向的：一方面，文化产品提供者要了解产品的文化内涵以及消费者的需求；另一方面，消费者在消费文化产品时必须具备与该产品同步的知识体系。只有二者的结合，才能将产品变成文化产品。知识要素本身是文化产业的灵魂。具体而言，文化产业就是知识系统、文字系统、音像系统、艺术系统等要素的集合，它以一定的产品作为载体，从精神情感层面去满足大众消费者的精神世界需求。文化产品使广大群众受到艺术的熏陶和感染。文化产业所生产的每一个产品和提供的每一项服务都承载着文化意义和知识。澳大利亚大学文化产业研究专家大卫·索斯比通过研究发现，文化产业就是"在生产中包含创造性，凝结一定程度的知识产权并传递象征性意义的文化产品和服务"②。

文化产业的知识性要求运用新思想、新观念和新方法去整合、发展文化产业，创造财富。

---

① Joseph S. Nye Jr., *The Paradox of American Power*, Oxford University Press, 2002: 8—9.
② 林拓、李惠斌、薛晓源：《世界文化产业发展前沿报告》，社会科学文献出版社，2004年，第9~11页。

文化产业的符号性特征是指文化产业利用符号意义创造产品价值。布迪厄在《资本的形式》一文中指出:"文化产品既可以表现出物质性的一面,也可以表现出符号性的一面。在物质性方面,文化产品预先假定了经济资本;而在符号性方面,文化产品预先假定了文化资本。"当代法国著名思想家让·鲍德里亚甚至认为,在消费社会里,社会成员通过对于商品符号的消费成为相互关联的群体,商品符号成为所有成员之间相互关联的媒介。

让·波德里亚在《消费社会》一书中提到在消费社会中,任何产品生产出来之后的流通以及流通以后进入到售卖环节,所有物品都以符号的方式展示为不同的物品财富,也就是说,谁占有了符号谁就可以拥有这些商品带来的财富。产品、生产、语言、符号构成了一个完整的编码解码体系,我们身处的整个社会就是依赖这些来进行商业沟通与交流。① 所以,符号的价值在消费社会具有举足轻重的作用。在消费社会里,消费者必须为文化产品的文化价值付费,以使文化价值转化为经济价值。同时,从美国、英国、日本、韩国、新加坡等国的发展经验看,文化产业的符号正在悄然担负起提升国家形象的职责,成为大力推动本国经济发展的重要元素。正如美国学者弗莱姆所认为的,在当今世界,软实力的发展正呈现出一种勃然兴起的态势,符号在软实力竞争中起到了关键作用,大众媒体以及娱乐公司、全球跨国公司以品牌符号为媒介,在其他国家的边界展开了一场没有硝烟的战争。

可以说,对文化产业而言,物质是符号的载体,符号是物质本质所在的表现形态。

(三)原创性与复制性

虽然文化产业是"文化+科技+市场运营"的三元组合体,但原创性的文化内容是其核心元素和价值基石。在文化产业的产业链条中,内容的创意是文化产业的起点,其余所有的环节——生产、再生产和交易都是围绕知识和创意展开的。文化产品生产者虽然可以吸收、借鉴前人或者他人已有的知识,甚至可以转移生产者已经创造出来的知识,但它不能重复前人的创意。任何一个伟大的文化作品,无论它是理论型的还是艺术型的,都是唯一的、独创的,具有不可替代性和不可再生性。比如《红楼梦》,现在文化市场上有近十个不同版本的影视剧,但每个版本都具有相对独创性。正是由于原创在文化产业中的核心地位,以英国为代表的不少西方国家在界定文化产业的时候,甚至将文化产

---

① 让·波德里亚:《消费社会》,刘成富、全志刚译,南京大学出版社,2000年,第71页。

业称为"创意产业""版权产业"。

虽然文化产业的核心在于原创性,但当创意进入下一级程序即规模化生产时,就必须依赖"复制",因为文化产业的模式具备可以进行复制的基本特点。这里所说的复制,就是对原来传统意义上的产品进行重新解码并重新编码,从而灌注更多符合大众情感精神诉求的价值与意义,然后根据新的产品编码进行工业化的批量制作。所谓文化产品的范畴,就是将产品所依附的原始文化符号进行创新复原,从而具备新的时代特点。也可以将文化产品的内容加上自己的理解进行解码。文化的可复制性为产业的规模化发展提供了可能性,它使工业生产者通过高科技渠道向消费者传递文化内容,从而满足消费者的精神文化以及情感需求,这样产品蕴含的文化概念就可以通过消费者取得高效的传播效果。

（四）包容性与扩展性

文化的广义性决定了文化产品的广义性和文化产业的包容性、扩展性。具体表现在以下几方面：

第一,随着经济社会的不断发展,文化被广泛地应用在各类经济活动中,这促使一些相关产业不断加入文化产业,文化产业的内涵和外延随着文化产业实践的不断发展而发展。不仅如此,全球化在当今世界呈现出越来越猛烈的态势,其产生的强烈冲击波导致了信息的高速流动与经济社会的迅速发展,加快了经济系统与文化系统的联系与互动,文化产业的扩张空间及发展从来没有像当今世界这样呈现出开放和包容的趋势。

第二,作为关联获益型产业,文化产业具有很强的包容性和扩展性。例如,在某个行业内,由于商业化运作的成功带来产品的成功销售,这个行业与产品往往会给其他行业与产品的销售带来好处。从这个意义上讲,文化产业领域内的产品生产形态就不仅是产品的生产,而且是一个新的商业品牌的创造。众所周知,中国古典文学名著《红楼梦》蕴含着丰厚的传统文化内容,围绕着这部小说不仅诞生了林林总总、不可计数的探讨、解读,也催生了不同版本的电视剧、电影、舞台剧、戏剧、音乐剧等,同时还带动了以"红楼梦"为主题的北京大观园文化景区和"红楼梦中人"大型选秀活动,更是出现了以"红楼梦"命名的酒和以"红楼梦"中菜谱为基础的"红楼梦"菜品。可以说,以《红楼梦》为中心的文化产业涵盖了文学、出版、传媒、戏剧、舞蹈、音乐、娱乐、餐饮等多个行业。

第三,文化产业之于传统的产业而言,属于当今世界的新兴产业,它将经

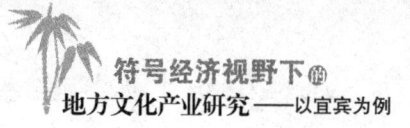

济、文化、技术融为一体,具有高度的融合性、渗透力和辐射张力。在当今工业化发展进程中,各行各业的融合发展成为一个不以人的意志为转移的趋势。当传统产品中融入了新的文化要素时,这种文化要素就为工业产品赋予了生命与灵魂,从而带来了文化产品的适应力与竞争力,并且对原来的产业链进行了重构与延伸,促进了全球相关文化产业与产品的发展。

第四,文化产业为发展新兴产业及其关联产业提供了良好条件。一旦餐饮、旅游、休闲、加工等行业都与文化产业相联系,行业与产品就拥有了文化的动力元素和发展源泉。文化产业会带来相同及相似产业的高速发展,同时促进区域经济的推进形态发生变革从而高速发展。文化产业作为媒介,会带动经济社会方方面面的进步,人们的精神生活水平与文化素质会得到极大程度的提高。

文化产业带有极大的包容性与延伸性,有的学者将其称为"产业巨无霸"。

(五)商业性与市场化

在当今社会,资本经济收益最大化是产业化的根本目的所在。文化产业具有商业化属性,这种属性体现在追求利润最大化的过程中。文化产业有助于提升每个企业的产竞争力。传统的产品可以追加文化元素成为文化产品,传统的具备文化元素的行业如电影、电视剧、图书报刊等,原来就在市场上交易,就连普通的电视节目播出,随着有线电视、数字电视、加密电视的兴起,也实现了交费收看,成了商品。商业电影的出现,动漫的迅猛发展,电子游戏的普及,这些文化产品纳入了商品经济的运行环节,充分实现了文化产品包括艺术品的商业价值。

文化产业属于市场经济的范畴,它具备以下特点:

第一,符合市场需求规律。文化产业的发展必须立足于市场需求,市场需求决定文化产业的优劣。文化产业的投入产出、自负盈亏主要由市场来引导,文化产品的生产、流通及其交换、消费都将纳入市场经济和商品经济的轨道。

第二,文化企业必须按照市场价值规律来营运。文化产品的价格围绕价值上下波动,局部上不相一致,但总体上趋于一致。当价格与价值背离时,文化生产资源会自动流动加以调节。

第三,文化产业的发展要依据政府制定的特定法律法规、产业发展规划、产业政策。

第四,文化产业以扩大生产规模和追求利润最大化作为目标,同时,其生产的文化产品要满足社会大众消费者的需求。

第五，文化产品被机构大量地提供给社会消费者，伴随而来的是文化服务的规模巨大，商业营运的模式发生巨大变革，营运的规模也变得巨大。文化产业通过和其他非文化产业和文化内部的各类产业相互融合、联动互补，以增强竞争实力。

第六，从事文化产业的市场主体在其项目选择、投资决策、资本运作、劳动用工分配以及整个经营管理上都具有完全的企业法人的特征。

第七，市场主体必须依靠自身不断扩大的资本积累来维持扩大再生产，在促进自身发展的同时，推动整个文化产业的发展和社会文化的繁荣。

第四节　符号经济

在商品经济社会里，符号具有极大的品牌开发价值。符号作为现代经济社会的特殊模式，以符号经济作为其基本特征。那么，什么是符号经济？符号经济时代的消费特点是什么？如何实现符号品牌增值？这些无疑是我们应思考和关注的重点。

一、符号经济的概念

符号经济，又称非物质经济，最早由美国经济学家彼得·德鲁克于1986年提出，但对这一现象的关注却可以追溯到17世纪中叶，威廉·波特在其《致富秘诀》中预言具有符号意义的票据通货将取代真正的财富。在这一阶段，由于文化因素的充分介入，符号经济摆脱了金融学背景，正式进入以符号学为背景的阶段。

目前学术界对符号经济的阐释大致有三种：

一是虚拟经济。虚拟经济是相对于实体经济而言的。虚拟经济充分依托金融产业，以电子货币的方式呈现，以移动支付为标志，几乎涵盖了所有的消费领域与金融领域，从而形成了一种新的经济体系。债券、基金、股票和其他金融衍生品作为金融系统符号进行交易及流通，符号经济由此而得名。符号经济首先是金融性符号。2008年，席卷全球的金融危机爆发，这就是符号经济无限制扩张导致的严重后果。此后，符号经济受到国内外各界人士的高度关注，对符号经济与实体经济的关联研究也就变得越来越迫切，成为经济理论和政策探索的重大前沿问题。

二是菲斯克提出的文化经济。他认为符号经济首先是文学艺术系统的符号与经济学系统的符号互相融合,其次是文化艺术系统的符号与经济学系统的符号互相交融,从而产生出一种"艺术经济符号"。这不仅能揭示文化经济的本质,还能揭示金融经济的本质,同样具有"虚拟化"的普通特征。

三是在当代经济活动中,商品符号因为其特殊性,带来的价值远远超过商品自身所表现出来的使用价值,经济社会中的经济活动往往会以商品符号为核心。当今社会,符号已经成为最昂贵的消费品,因为它包含高附加值,产品的实用性维度要让位于产品的精神文化维度。符号与商品的结合产生了生产与消费的巨大神话,符号被视为可以用来区别于一切产品的最高境界的媒介,商品的符号价值超过商品的使用价值,由符号与商品构成的新价值体系本身就独立于商品。

符号经济的基本特征:完全覆盖生产领域、交换领域和消费领域,并以这些领域作为基础,大有取代工业和制造业成为现代经济独具魅力的新引擎的趋势。在这个崭新的符号经济体系中,商品的使用价值被严重弱化,商品的精神价值更加突出,伴随着日常生活的被符号化。

让·波德里亚教授认为,当代社会的商品消费实际上是一种符号化的消费,商品承载的是其所象征的文化内涵。①

为什么商品符号会成为区别于其他社会群体的认知符号?品牌符号为什么具有那么大的魅力?符号作为文化表达意义的载体,影响着社会行为者看待世界、思考世界、察觉世界的方式。作为同一文化成员,社会行为者愿意与代表自己世界观、价值观和社会情感的品牌符号交流,这是因为品牌符号在一定程度上与人类固有的心灵图式有着内在的联系,唤醒了人类许多代以来那种隐秘的内心渴求,从源头上满足了人类的情感需求。此外,从品牌的符号属性和幻象效应来看,品牌是原型的延伸和现代表征,是现代人的情感表征形式。一个品牌一旦打造成功,就等于揭开了原型的盖子,积累了许多代的心理内核就会释放出巨大的能量,激起人类强烈的情感认同和归位意识。

二、符号经济时代的消费特点

符号经济时代的消费特征与路径是商品在被消费者选择的过程中,被消费者主观附加了许多个性化的诉求,如精神层面、情感层面、价值层面、社会地

---

① 让·波德里亚:《消费社会》,刘成富、全志钢译,南京大学出版社,2000年,第122页。

位层面、权力层面、声望层面等的诉求。

（一）注重消费符号的过程和效用

在以符号消费为核心的经济形态中，符号已经成为商品的核心构成部分，作为载体的产品退居次要地位，原来包含在产品背后的信息要素、文化要素等抽象的精神层面的东西成为人们对商品的主要关注点。正因如此，原来产品的生产结果被符号产品带来的结果所替代，产品的生产者更加关注由普通产品升级为文化商品的过程，同时，消费者也更加关注产品承载的文化和情感。如果这种文化和情感与消费者的精神诉求产生共鸣，那么这个普通的产品就成为文化产品走进了消费者的心中而不只是手中。所以，消费者真正需要消费的不是产品的使用价值，而是对产品所包含的思想、身份、地位、情感、意义、愉悦等精神追求，这就是符号经济的本质。

（二）从日常消费品到品牌的精神需求

在早期的农业社会和初期的工业社会，物质产品严重匮乏，人们购买并消费的主要是产品的使用价值。工业化发展到一定程度以后，流水线的生产使产品的复制越来越容易，数量越来越庞大，品种越来越多样。产品的可替代性大大增加，由此带来产品使用价值的弱化。于是消费者更加追求产品的其他属性，尤其是产品的精神属性，比如社交属性、尊重属性、自我属性等精神层面的东西，文化要素的灌注就成为提升产品精神属性的重要手段。文化要素的灌注需要某些独具特征的符号来代表商品特别的价值，这已经远远不是商品的使用价值了。这些价值是非物质性质的，是符号性质的，这些符号与消费者意识中的符号产生共鸣的时刻就是产品销售的时刻，也是产品中的符号产生价值的时刻。符号的作用就是替消费者找到实现自我的文化产品。在消费者心目中，这些产品已经打上了深深的精神世界的烙印。比如，消费品牌的不同可以表明身份的不同，这就是消费者想要的结果。

（三）个人价值的体验性与认同感

符号经济时代就是意义象征的时代，产品的交换与流通已经超越了传统意义上的产品交换与流通，是一种精神的交换、文化的交换、感觉的交换、情感的交换。一旦工业产品被打上文化符号的烙印，产品的固有属性就会发生根本性的转变，并且这种转变有时会因人而异，因时而异，因地而异，因情而异。总之，文化产品具有情感的体验性、价值的归属性、体验的深刻性，这些都是对产品进行文化符号灌注的结果，所以符号成为产品差异性的最好诠释。消费者既具有公共的情感体验，如爱国、爱家、爱民族等，又具有个性化的情感体验，如男女老少、粗犷细腻，或者消费者个人独特生活经验的灌注体验，产品的符号性质就是为了更好地体现产品的差异性，以此来满足消费者五彩缤纷的精神文化情感诉求。唯其如此，具有感性精神的产品才具有精神文化的张力，才能在市场经济的大潮中获得消费者的青睐，企业才能获得超额的效益。

此外，符号经济更是一种依赖于价值认同的经济形态。[①] 随着商品符号价值和文化功能的开发和提升，越来越多的需要和意义被带入符号消费领域。按照马克思对人类的定义，人是动物性与社会性的结合体，人的进化就是逐渐减少动物性、增强社会性的过程，文化无疑是动物人向社会人进化的黄金通道。在人类的经济活动中，消费与娱乐占据了较大比例，借助符号塑造自己的外在形象与体验自己的内在诉求是社会人的本能，通过对符号意义的认同来追求归属感及追求相同或相近的价值诉求，就是动物人向社会人进化的必由之路。中国人会认同中华民族共同的文化符号，如唐诗、宋词、元曲、明清小说等，会认同并遵守中华民族的传统习俗，如春节。春节是一个时间概念，但是阖家团圆就是中国春节蕴含的文化因素，就是一种情感，一种传统，一种习俗，一种文化，人们在追寻文化符号的同时也进入了这个文化体系。

三、符号品牌增值：从原型意义到无形资产

（一）"原型"符号意义

基于对原型的理解，主流学术界认为"原型"这个概念最早来自荣格的"集体无意识"表述。荣格认为，在人类的心灵深处储存着一种普遍本能及经验，这种本能及经验是以一种原始的方式存在于人的内心深处。它不是存在于一个人的意识中，而是存在于所有人的意识中；它不是以现代元素的方式存在，而是以神话的方式存在；它不是存在于一个地方，而是存在于世界的每一个角落。从这个意义上讲，它具有无始无终的时间性以及无边无际的空间性。一个存在于时空中的原型力量，无论是以什么方式来表达它，无论是叙述还是说明的方式，无论是直接还是间接的方式，都会给我们带来神秘的力量，让我们激动无比，让我们的内心世界感觉到强烈的刺激与冲击，让我们感到自我的

---

① 谢美英：《符号经济下品牌原型的广告效应》，《新闻界》，2010年第6期，第157页。

渺小。原型的力量将偶然变成必然，将瞬间变成永恒，把个人的生命升华为人类的命运，把个人的普通灵魂升华为人类的美丽灵魂。原型成为一种永恒的力量，它让人类超越灾难，度过漫漫长夜，让我们感到那么亲切，那么温暖，那么神圣，那么充满力量。荣格的原型理论与集体无意识理论被管理者用到了品牌的符号意义系统中，他们发现了一个被繁芜复杂的生活现象掩盖着的一个本质性事实：原型的力量就是我们要追求的力量，就是人们梦寐以求的精神力量，因为这种力量的经久不衰，我们可以创造出历久弥新的品牌。用原型的力量来塑造品牌的力量，能够唤醒消费者心中储存的原型的神圣感与价值感，让消费者在追捧商品的时候，时时刻刻感受到的是精神世界的享受和大自然蕴含的力量，这种感受让消费者将自我与品牌产品深深地融合为一体，成为对产品的忠诚拥护者。所以，用深邃的意象去唤醒消费者心灵深处原型的力量就成为构建品牌、认知品牌、忠诚品牌、维护品牌、消费品牌的重要文化手段。

首先，在工业品泛滥的消费时代，同一用途的产品可能多如牛毛，价格相近，用途相近，形状相近，商品的同质化趋向十分严重，商品的辨识度越来越差。所以，我们要对产品灌注特殊的符号和特殊的意义从而显示其特殊的价值。那么，对商品品牌的追求就成为重中之重，荣格的神话理论、原型理论、集体无意识理论就可以被借鉴来对商品品牌进行重塑与建构。

其次，厂家或者商家可以将荣格的原型理论灌注于商品的整个生产与流通环节，借助原型的力量去最大限度地改变消费者的心态，从而拉近消费者与产品的心理距离，让消费者在使用产品的时候感受到多重精神含义的力量，协助消费者在产品与心灵之间建立起一种情感精神文化价值认同，从而极大地满足消费者内心的渴求。法国学者阿塔利对品牌的解读为：品牌要追求永恒，永恒的品牌应该是具备全球视野，可以使全球每一个角落的消费者都能从中找到自我、显示自我。消费者在购买品牌产品后有一种归属感与认同感。所以，品牌将成为人类精神文化外显的载体，而符号将成为品牌的灵魂。荣格的原型理论有助于我们拓展品牌文化的深层次含义，有助于我们借用符号体系对文化产业加深理解与运用。

再次，品牌资产评估系统研究表明，品牌借助原型力量来定位，可以为公司在资产评估中的资产升值带来积极和深远的影响。在资产评估中，一个完整的与原型联系密切的品牌可以成功影响市场表现并且可以准确地预判他们在消费者心中的分量，品牌的地位与影响力会被高估，品牌的性能也会被消费者完全认同。与单一原型关联密切的品牌比模糊关联的品牌的市场增值速度快97%，拥有原型力量的品牌的经济增长速度也比其较弱的品牌增长快66%。

总之，为了使品牌能够迎合消费者深层次的、持久的精神需求，品牌文化创意就需要深刻理解原型力的表现方式，通过塑造原型力的方式创造的品牌更有可能历久弥新。

（二）品牌广告的原型效应

弗莱多次提到人类生活的两个世界：一是人们实际生活于其中的世界，由科学对它做出解释；二是人们希望生活于其中的世界，即高度理想化的世界，由文学对之做出描绘和塑造。因而在广告这个重要而无所不在的媒介中，我们要多运用文学原型的品牌创意理论以激发人们内心深层的情感，使品牌在人们心目中真正"活起来"。

1. 原型介入品牌，提升信度与效度

消费者通过联想、再认的方式对品牌实施精神情感重构，从而在观念上扩张了品牌的号召力。经验告诉我们，消费者一般会经历认识品牌—喜欢品牌—开始购买—重复购买的行为过程，最终成为品牌的忠实消费者。从这一点可以说，高知名度可以引发消费者的好感，从而成功延伸品牌。一个能具体展现某个原型的产品必能抓住并持续吸引消费者的注意力，因而商家或者厂家可以通过广告和媒体造势，唤起人们内心的原型渴望诉求，从而提高品牌的声誉。星巴克作为一家著名的国际连锁品牌，在全球都开设有分店。它其实是一家咖啡连锁店，它的 logo 的原型是"星巴克"，源自文学作品《白鲸记》。星巴克是船上的大副，具有遇事冷静、坚韧不拔的个性魅力。相对于船长亚哈的急躁冒进，星巴克因其正面的典型形象而深入人心。星巴克的成功在于借助原型的力量，让消费者感受到星巴克精神就在每一杯热气腾腾的咖啡中。

2. 具有原型精神的品牌能引起消费者的共鸣

品牌意识与两个主体紧密相关：一是产品的生产与销售方，二是消费者。产品的生产与销售方对于品牌认知的主要内容为：品牌的原型力量是什么？这个原型力量是否能够与本产品建立有效的关联？这个原型要表达的核心要素是什么？选用的原型力量是否能够为消费者认同？这个原型能够为目标消费群体带来什么样的精神价值与情感认知？消费者对这个原型的理解程度怎么样？如何让选用的原型在消费者的心中产生持续有效的精神情感能量？等等。消费者对品牌产品的认知相较于产品的生产与销售方要简单一些：一是依赖他们自己的知识体系，二是依赖他人的认可程度，三是依赖销售方对他们的唤醒程度，四是该产品的使用价值，五是该产品是否能够让他们产生精神情感共鸣，六是该产品对他们的精神与物质服务质量，七是该产品的外形与他们的审美诉求的契合度。品牌认知是一个立体的、系统的、生态的、文化的、精神的、情感的综合要素的建构过程，消费者在决定购买商品时，往往会根据自己心目中预设的条件来选择。商家就是要把握消费者心目中潜在的原型力量与要推送的产品的关系，通过各种类型的软广告与硬广告去唤醒消费者心目中的原型力量，协助消费者建立原型力量与产品之间的有效联系。

3. 通过品牌关联唤醒消费原力

品牌关联是品牌发展战略中最为关键的一环，起到承上启下的作用。一方面，品牌战略需要找到原型；另一方面，需要唤醒消费者对于原型的联想，主要是要干预消费者的记忆，要让消费者已有的知识系统与原型产生关联，诸如品牌的名称与现有事物的关联、原型的内容与品牌的关联。这种关联是激发起消费者产品购买欲望的关键，要让消费者的精神诉求与产品产生关联，为消费者购买产品提供精神与情感的理由，发自内心地认同原型与产品的关联。放眼全球成功的品牌营销，无一不是以原型为基础，以产品为载体，以消费者为核心来建立起品牌与消费者的精神情感关联，让产品在消费者思想、感情、精神、信仰中占据有效地位，打上原型的烙印，让消费者发自内心地认同与接受。这种关系的建立会极大地增强消费者购买产品的决心，有效地在消费者心中建立起产品美誉度与知名度。

4. 引发原型情感，追求消费者对品牌的忠诚度

消费者对品牌的忠诚是商家的最大追求，忠诚度体现的是顾客对产品的喜爱程度。厂家或者商家需要通过符号的选择唤起消费者对商品的情感，提升消费者对产品的喜爱之情。一个优秀的产品品牌一旦被消费者接受，就可能是一辈子。有研究表明：一旦一个品牌让消费者产生了永久的忠诚度，随之带来的品牌利润是那些没有建立起消费者忠诚度的产品的9倍。

世界上最受消费者喜爱的品牌都有一个共同的特点，那就是有效地运用了原型理论，有效地建立起了消费者与原型的情感精神关联，充分调动了消费者已有的知识系统来重构新的品牌认知，充分利用知识迁移、情感迁移来协助消费者认知并认同品牌，以精神情感为纽带，培养锻造消费者对品牌的永恒情感。当然这种联系的建立不仅仅是一些简单的硬广告就能解决的，产品本身要行，选择的原型要行，原型与产品的关联要行，我们称之为"三行"。例如，苹果电脑选择的原型是被咬了一口的苹果，让人联想到亚当和夏娃偷吃禁果的神话传说，而亚当和夏娃的神话传说早已深入人心。所以，苹果电脑一投入市场就散发着历史的悠久感、神话的神秘感，在全球范围内造就了一大批忠诚度极高的苹果粉丝，这就是将原型力量灌注于产品形成著名品牌的典型案例。

神秘的大自然，风雨雷电、火山熔岩、海啸地震等自然灾害一直困扰着人类，人类一直想与自然融为一体，能够与大自然和谐相处。所以，人类一直以来就习惯把大自然现象纳入意义思考的范畴，试图与大自然建立起某种有效的沟通渠道，让自己的心灵与大自然的脉搏同步跳动。其中，品牌建设的原型意义就是人类与大自然建立共鸣的渠道之一，看似产品，实际上是人类心灵与大自然力量的有机结合，这样的品牌建构就会切合人类对大自然未知领域的探索心理，也让品牌具有了思辨的哲学力量。这也许可以解释品牌背后的精神文化因素成为品牌原动力的原因。

第二章 宜宾文化产业发展现状及发展规划

党的十八届三中全会明确提出"建设社会主义文化强国,增强国家文化软实力",中华人民共和国文化和旅游部、财政部发布了《关于推动特色文化产业发展的指导意见》。宜宾是万里长江第一城,是著名的中国历史文化名城,素有"西南半壁古戎州"的美誉,滚滚三江(岷江、金沙江、长江)和悠悠的历史长河孕育了宜宾厚重的历史文化和独特的地域文化,使历史文化名城宜宾充满了神奇魅力。宜宾是中国第一批国家历史文化名城,拥有2200多年的建城史和4000多年的酿酒史,岷江、长江、金沙江中国著名的三条大江穿城而过,蜿蜒东去,翠屏山、真武山、催科山、龙头山、七星山、白塔山六座名山郁郁葱葱。宜宾还是南方丝绸之路的关键节点,历史文化符号得天独厚。伴随着文化大发展的历史机遇,深入挖掘宜宾历史文化符号,全面推进"文化强市"发展战略,强化文化驱动力,促进宜宾文化产业加速发展,是宜宾这座不可多得的山水园林城市管理者的义不容辞的重要历史使命。

第一节 宜宾文化产业发展优势

宜宾文化资源富集,开发潜力巨大,长江文化、丝路文化、抗战文化交汇融合,形成独特的竹文化、酒文化、道教文化、哪吒文化、茶马文化、山水文化、古镇文化;名胜古迹丰富,有翠屏山、七星山、哪吒祖庙、千佛寺、流杯池、大观楼、李庄古镇、陈塘关古镇等。

一、区位优势明显

宜宾位于四川省南部,处于川、滇、黔、渝四省(直辖市)结合部,东接泸州，西通乐山、凉山，南连云南昭通，北接自贡，是南方丝绸之路的重要节点，是国家交通发展战略"五纵七横"的50个交通枢纽城市之一。宜宾是攀西—六盘水经济带进出长江的必经之路，成渝经济区的副中心。经过宜宾连接贵阳、昆明从而打通出海口，直通东南亚，宜宾成为中国西部重要的交通门户，因为国家的交通发展战略更显其经济价值与战略价值，区位优势非常明显：

第一，宜宾是成渝及川南"黄金点"。宜宾是中国西南地区的重要交通枢纽和商品集散地，有完备的城市功能和繁荣的商贸环境。宜宾作为成渝经济区的副中心，东接泸州，西通乐山、凉山，北接自贡，能充分利用自身的地理位置优势，带动自身以及周边地区的经济发展。

第二，宜宾是川滇黔渝结合部"关节点"。宜宾是中国西南地区交通咽喉，东连重庆，北连成都，南接贵阳，西通昆明，是南方丝绸之路的关键驿站。宜宾航班通往全国30个城市，长江黄金水道直通上海，7条高速公路、5条高速铁路连接东南西北直达东南亚诸国，从这个意义上讲，宜宾是中国西南部交通的"金三角"。

第三，宜宾是长江上游文化旅游圈的"辐射点"，是长江生态保护的重要屏障。

二、资源优势显著

宜宾是中国白酒金三角的核心区，是著名的中国白酒之都，有4000多年的酿酒史，是长江上游开发最早、历史最为悠久的人文胜地。宜宾物华天宝，资源丰富。域内农业资源、旅游资源、非物质文化遗产资源、美食资源、生物资源、水资源等丰富多样，厚重富足。宜宾地处川南经济带，历史上就是川南的政治、经济、文化、商业、交通中心，是汉文化与苗文化、彝文化、藏文化融合发展的关键节点。在抗日战争期间，同济大学等10所中国著名高校与机构迁往宜宾李庄避难，这为宜宾增添了历史文化内涵。

农业资源方面，宜宾有广袤的肥田沃土，完备的农业基础设施和良好的农业生态环境。宜宾位于北纬27°50′~29°16′，东经103°36′~105°20′，属于亚热带季风气候，盛产大米、肉类、蔬菜、柑橘、花生、芝麻、葡萄、茶叶、豆芽以及其他许多高品质农副产品。这些产品在市场上有较高的知名度，行销全国各地。

旅游资源方面，宜宾有兴文石海、蜀南竹海、"神州琼浆"五粮液、向家坝库区、七星山省级森林公园、李庄古镇、龙华古镇、夕佳山古民居、真武山古建筑群、中国营造学社旧址、南广古镇、翠屏山、流杯池、丞相祠、白塔山、千佛岩、大观楼、哪吒行宫、云南会馆、金秋湖、观斗山、会诗沟等。

非物质文化遗产资源方面,宜宾有五粮液酒传统酿造技术、江安竹簧工艺、兴文大坝高装、苗族蜡染技艺、宜宾面塑、思坡醋传统酿造技艺、川红工夫红茶制作技艺、宜宾燃面传统制作技艺、红楼梦蒸馏酒传统酿造技艺、叙府龙芽茶传统制作技艺、苗族古歌、珙县珙石雕、女子踩桥等国家级、省级非物质文化遗产25项,市级非物质文化遗产36项。

美食资源方面,宜宾有著名的宜宾燃面及系列面食、李庄白肉、李庄白糕、鸭儿粑、宜宾芽菜、叙府糟蛋、兰香斋熏肉、石磨芝麻油、小磨麻油、思坡醋、南溪豆腐干、椒油花生、怪味鸡、沙河豆腐（全豆腐宴）、合什手工面、南溪鹅肉干、泥溪芝麻糕、红桥猪儿粑、全竹宴、沙河葡萄井凉糕、龙须蛋面等上百种地方特产小吃。

作为中国白酒之都,宜宾盛产浓香型白酒,除拥有中国白酒行业龙头企业五粮液集团公司外,还有被命名为"中国（宜宾）白酒之都金花企业"的高洲酒业（代表为金潭玉液、高洲春系列）、叙府酒业（代表为柔雅叙府系列）、红楼梦酒业（代表为梦酒、红楼梦酒、红楼梦十二金钗系列）、华夏酒业（代表为华夏春系列）、吉鑫酒业、君子酒业（代表为君子酒系列）、新宇酒业（代表为戎德坊系列）、竹海酒业（代表为竹海老窖、竹海春等系列）、长兴酒业（代表为宜宾老窖、蜀海系列）、金南福酒业（代表为南福系列）等10家白酒生产企业。

此外,宜宾还有一批极具历史文化价值的古酒作坊。以双坊古酒坊（兴元和、德盛福）为代表,其位于宜宾市走马街,是并列的两家古酒坊,前店后坊,有600多年的历史,是四川省政府和宜宾市政府命名的重点文物保护单位。

生物资源方面,宜宾有乔灌木86科205属435种,竹类13属59种,牧草260种;国家级、省级保护树种23种,珍稀野生植物有银杏、苏铁、水杉等。竹林是宜宾的一大特色,珍稀品种有龟甲竹、人面竹、大佛肚竹、青丝黄竹、黄金涧碧玉竹、马蹄竹等。宜宾有动物资源近千种,野生动物近500种,一级保护动物7种:山鹧鸪、黑颈鹤、豹、云豹、中华鲟、白鲟、达氏鲟。[①]

宜宾水资源丰沛,除岷江、长江、金沙江外,境内有大小溪河600多条。

---

① 吕晓莉:《万里长江第一城——宜宾》,四川人民出版社,2006年,第16~17页。

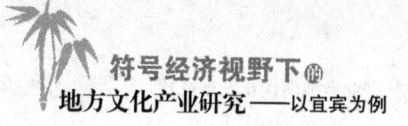

全市多年平均水资源量 6.02 亿立方米，水资源总量约为 2447.9 亿立方米。

三、交通条件优越

宜宾作为川、滇、黔三省结合部的"金三角"地区，是西南交通节点。宜宾港是国家规划的长江六大重要枢纽港之一，四川第二大航空港、四川最大的内河港口，是出川"南大门"和通江达海"桥头堡"，交通条件十分优越。

（一）航空

宜宾五粮液机场已于 2019 年 12 月建成通航，给宜宾的交通、旅游带来了极大的便利。宜宾五粮液机场目前已通航国内多个城市，拥有多条航线，这为外来游客到宜宾旅游带来了极大的便利。

（二）铁路

目前宜宾有内昆铁路和宜珙铁路贯穿全市，其中内昆铁路是西南腹地最为便捷的陆路出海通道。这两条铁路的贯通使宜宾陆路交通变得更加便利，加强了宜宾与周边地区的联系，为宜宾经济的发展奠定了基础。成贵高铁已经于 2019 年 12 月通车，推进南下出川大通道建设的绵遂内宜城际铁路、宜西（攀）铁路、渝昆、宜泸渝等铁路已列入国家和省上规划，未来过境交汇宜宾的高铁线路将达 7 条，宜宾将成为名副其实的交通枢纽城市。

（三）公路

目前宜宾境内的高速公路有内宜高速、宜水高速、乐宜高速、宜沪高速、宜叙高速，2019 年已开工建设宜宾至昭通高速公路宜宾段和宜宾过境高速公路西段，待开工建设宜宾—威信—毕节高速公路宜宾段、仁沐新高速公路（仁寿—沐川—新市）、宜宾至屏山新市高速公路（金沙江沿江高速公路）、宜宾至仁寿高速公路和宜宾—富顺—内江高速公路，未来可直达成都、重庆、昆明、贵阳等地，未来过境交汇宜宾的高速公路将达 11 条。高速公路的畅通加速了宜宾物资运送，也方便了人们的出行，能促进宜宾经济快速发展，有利于宜宾更好地融入成渝经济圈，有利于推动宜宾成为四川省南向开放枢纽型门户城市。

（四）水路

宜宾港是国家规划的长江航道六大重要枢纽之一，是四川最大的内河港和长江上游川滇黔结合部的绿色港口。宜宾水路运输主要集中在三江航线上，形成了以长江、金沙江和岷江航线为主的黄金水道。宜宾水路西连云南、乐山，东通泸州、重庆，是连接川南经济带与攀西经济带最便利的水上路线，与陆路优势互补，相辅相成，进一步拉动了宜宾的经济发展。

第二节　宜宾文化产业发展瓶颈与机遇

宜宾在文化发展和文化建设方面做了大量的工作，取得了一定的成效，但总的来看，全市文化产业发展还存在诸多瓶颈。

一、宜宾文化产业发展瓶颈

（一）文化产业发展与经济增长速度有差距

宜宾文化产业的发展与宜宾作为川滇黔渝四省（直辖市）结合部的优势区位匹配度还有很大提升空间，在宜宾经济发展中的影响程度还有待加深。

据统计，2020年宜宾地区生产总值为2802.12亿元，比上年增长4.6%，经济实力位于全省第三。[①] 但是，文化产业发展仍较滞后，文化产业增加值总量偏低，文化产业增加值在地区生产总值中的占比偏低，低于全国文化产业发展水平。宜宾文化产业离成为经济支柱产业（占比超过5%）的目标尚有相当差距。

（二）文化体制改革难以满足现实需要

首先，在政府层面上，有的部门对发展文化产业认识不够，投入不足，措施不力，有的部门甚至认为发展文化产业是文化和旅游等部门的事，各地各部门之间缺乏联系沟通，未能形成最大推动合力。与文化产业发展相关的政府管

[①] 《2020年宜宾GDP达到2802.12亿元》，http://fg.yibin.gov.cn/zxgzdt/202101/t20210126_1416017.html。

理部门设置不够健全，管理人员编制设置过少，缺乏文化产业管理人才。

其次，在企业层面上，很多企业对文化产业可产生的经济效益认识不足，缺乏投资文化产业的热情。部分国有经营性文化企业及某些文化单位"等靠要"观念的存在使"转企改制"进展缓慢。

（三）文化产业结构不优，文化品牌体系建设不足

宜宾文化产业集中度偏低、产业配套体系不完善、结构不尽合理，呈现"三多三少"现象，即小规模企业多，成规模企业少；传统文化企业多，新兴业态企业少；复制传播类企业多，设计创意类企业少。以文化产业为经营方向的企业多数实力较弱，发展活力不足。

宜宾文化产业品牌形象建设较滞后，急需多渠道有效传播推广，城市的整体知名度偏低。在企业文化品牌方面，只有五粮液集团、普什集团等少数企业有规模，多数小微企业不能作为文化产业标杆企业带动产业发展，文化介入品牌力度不够，历史文化符号对区域经济社会文化产业的贡献数量都还有很大提升空间。

（四）专业人才紧缺

目前宜宾文化产业专业队伍中，既熟悉文化产业又熟悉市场经济的经营管理人才整体紧缺。文化产业创意人才不足，文化产业管理人员欠缺，文化产业的企业家团队有待培育，在文化产业方面没有领军型的企业和企业家，导致宜宾文化产业发展缓慢，制约了全区文化产业向新兴领域、纵深空间和更高水平发展。

（五）文化资源深度开发利用不够

一些具有浓郁地方特色的文化资源开发利用率还不高，主要表现在以下三个方面：

第一，宜宾历史文化遗产利用率不足。一些文化遗产资源还没有转化为文化市场上的强劲竞争力，很多文化资源被闲置或浪费。大多数公益性历史文化遗产的运营效益不佳，参观者较少；围绕历史文化遗产的衍生项目稀缺；围绕历史文化遗产的相关公益美术品及纪念品稀缺。

第二，文化与旅游融合不够紧密，景区文化内涵有待提升。宜宾自然资源、历史文化资源、民俗资源丰富，历史文化符号众多，饮食文化历史悠久，但是，这些构成宜宾历史文化名城的符号没有得到有机整合，呈现出碎片化

倾向。

第三，特色文化宣传不够。至今没有一个能够彰显宜宾城市文化魅力的文化旅游纪念品畅销品牌。宜宾的非物质文化遗产资源类型丰富，如江安县的竹簧工艺、苗族蜡染、苗绣、面塑等，但即使是宜宾人，也有很多不知道宜宾非物质文化遗产有哪些种类。可见，要加强对宜宾非物质文化遗产的保护、宣传与应用。

二、宜宾文化产业发展机遇

（一）西部大开发战略带来的机遇

2000年初，中共中央、国务院作出实施西部大开发战略的重大决策，对地处西部、具有独特区位优势的宜宾是千载难逢的历史机遇。宜宾抓住机遇，实现了追赶型、跨越式发展，这为宜宾经济文化的持续快速发展注入了强大动力。

（二）国家发展长江经济带带来的机遇

2014年9月，国务院印发《关于依托黄金水道推动长江经济带发展的指导意见》。2016年9月，《长江经济带发展规划纲要》正式印发。宜宾地处长江上游，是长江经济带的重要节点，是长江上游的重要经济文化中心。长江经济带战略为宜宾主动服务和融入国家战略，培育发展新兴产业，加快产业转型升级提供了平台和抓手。

（三）各级相关政策带来的机遇

近年来，国家出台了振兴文化产业的一系列政策，如《关于深化文化体制改革推动社会主义文化大发展大繁荣若干重大问题的决定》《关于推进文化创意和设计服务与相关产业融合发展的若干意见》。这些文件的出台给宜宾文化产业发展带来了政策的支撑，同时也指明了宜宾文化产业发展的方向。

四川省先后发布了《关于深化文化体制改革 加快建设文化强省的决定》《关于加快推进文化产业发展的意见》《四川省"十三五"文化发展规划》等重要文件，对宜宾文化产业发展具有更贴切的指导意义，是地方文化发展更具特色的政策指导。

为了更好地促进宜宾文化产业发展，宜宾出台了《加快建设文化强市的决定》《关于加快文化产业发展的意见》,从宜宾文化建设的实际情况出发,提出了建设一批有特色的文化产品,重点发展一批实力强大的有较强竞争力的核心骨干企业,建设一批占主导地位的文化产业集团。在产业品牌建设方面,要培育具有发展潜力的文化品牌;在文化产业园区的建设方面,要建设一批优势基地作为标兵,根据区域特色优势来打造,形成独特的地方特色、产业特色,突出文化产业的内涵发展,形成整体实力日益增长的文化产业发展新态势。

(四)绿色节能、低碳环保的产业导向带来的机遇

当前,很多国家和地区都将低碳技术发展、绿色产业发展、节能环保技术发展等行业作为新兴的战略性产业加以培育。宜宾积极构建、创新绿色科技,生产绿色产品,倡导绿色消费,创造新的市场需求。宜宾作为长江上游得天独厚的山水园林历史文化名城,绿色文化符号、历史文化符号是助推文化产业发展的重要力量,对促进宜宾经济可持续发展具有十分积极的意义。

(五)文化消费市场强劲增长带来的机遇

习近平总书记在党的十九大报告中指出:"我国社会主要矛盾已经转化为人民日益增长的美好生活需要和不平衡不充分的发展之间的矛盾。"近年来,随着人们生活水平的提升,人民对美好的精神文化生活的追求进一步体现。作为国家第一批历史文化名城、不可多得的山水园林城市,宜宾的文化产业发展潜力巨大,需要进一步完善文化产业,培育文化消费市场,多渠道释放人们潜在的文化消费需求,牢牢抓住文化消费市场强劲增长带来的机遇。

第三节 宜宾文化产业发展面临的挑战与发展规划

宜宾拥有丰富的文化资源,随着国家西部大开发战略的深入推进,四川省南向开放政策的实施,川南经济一体化的发展,宜宾的区位优势逐渐彰显,但在人才、产业规模等方面的不足正制约着宜宾的快速发展。

一、宜宾文化产业发展面临的挑战

（一）要求产业聚集度更高

只有文化产业集聚，形成更多具备强劲、持续竞争能力的产业群落，文化产业和产业群落才能得以快速发展。在这种情况下，就要求地方政府打破地方保护壁垒，协助地方文化企业融入这些产业群落。文化产业的集聚会带来组织形态的巨大变化，在资源的优化配置方面起到更强的整合作用，同时，也要考虑到竞争力弱的文化企业更容易被排除在外。在此情况下，宜宾有必要充分认知区域内文化企业的数量、质量、竞争力和属性等，区域内文化资源符号以及经济社会的需求，自身文化产业发展的战略定位和发展态势是否与周边城市的经济群落有机融合。只有知己知彼，与周边大中城市文化产业群落及管理单位互通有无、优势互补，才能实现宜宾文化产业的全方位发展。

（二）全国产业升级转移带来挑战

随着经济的发展，中国各类产业形成了较完善的配套产业链体系，其主要集中在东部沿海和长江三角洲与珠江三角洲地区。目前，中国东部沿海、长江三角洲以及珠江三角洲地区的产业群由于产业升级需要，劳动力和运营成本的增加，必将有部分劳动密集型产业向西部地区转移，这既是包括宜宾在内的西部地区产业结构调整的机会，也是对其未来产业发展规划的挑战。对项目选择的盲目性与主观性可能会导致新一轮产业重复建设，甚至导致新的产能过剩等问题。众所周知，文化产业是一个投入大、见效慢的产业，难以评估价值，从而导致产业投资风险较大，招商引资相对较难。宜宾处于西部地区，文化产业还处在发展阶段，存在产业规模不大、数量偏少、人才稀缺等问题，如果在全国产业升级的过程中不能很好地规划产业未来发展方向和调整产业结构，文化产业的发展势必会受到制约。

（四）外来文化产业的冲击

近年来，随着地区与地区之间的联系进一步加强，文化之间的相互渗透越来越明显。外来文化产业在给宜宾当地文化产业的发展带来冲击的同时，也带来了先进的理念和技术，可以为宜宾本土文化产业的发展提供借鉴。

因此，宜宾在未来发展过程中要积极应对外来文化产业带来的影响。一方面要做好外来文化产业与本地文化产业发展的相互促进工作,另一方面要注意外来文化产业对本土文化产业的不利影响,注意在保留原汁原味的本土文化的同时,加大对本土文化产业发展的支持力度。

二、宜宾文化产业发展规划

2017年5月,宜宾市人民政府印发了《宜宾市"十三五"文化发展规划》(以下简称《规划》)。① 规划强调宜宾文化产业要注重高质量发展,注重转型升级发展,围绕川南经济区打造"公共文化＋产业整合示范区"的总体规划,以"西部文化印刷复制产业基地""川南特色文化体验中心""区域文化艺术品交易中心"建设为重点,做强印刷复制优势产业,做大文化旅游和文化演艺娱乐类高成长型产业,做优产业价值链,形成空间布局合理、产业结构优化、优势特色鲜明、规模效益并重的产业发展格局,推动产业文化化、文化产业化,实施"文化＋"战略,加速文化跨产业融合发展,逐步实现从"文化产生价值"向"文化创造价值"转变,将文化产业培育成国民经济的支柱产业。到2020年,培育1~2家产值超亿元的文化企业集团,文化产业增加值占全市生产总值比重的5%以上。

(一)依托优势,建设文化印刷复制产业基地

以普什3D、丽彩集团、恒旭集团等企业为龙头,依托"宜宾罗龙印刷包装业集中发展区""五粮液印刷包装业集中发展区"等产业集聚区,鼓励企业与高校及科研机构开展产学研用合作,共建研发实验室、产业技术研究院,开展绿色印刷技术改造和认证,支持企业采用最新数字技术和信息化技术,进行管理、生产、设计、市场营销信息化技术改造,推动传统印刷行业向绿色化、数字化、智能化、融合化、定制化方向发展,引导印刷复制企业走专、精、特、新发展之路,积极争创四川省印刷复制示范企业,提升企业竞争力和产业影响力,打造文化印刷复制产业基地,包括宜宾日报社彩印包装基地、包装升级技术研发及应用、五粮液丽彩集团技改升级、长宁县天成印务迁建、筠连县环保型包装印刷等5个项目(见表1-1)。

---

① 《宜宾市"十三五"文化发展规划》,http://www.yibin.gov.cn/xxgk/zcfg/szfbwj/ysfbh/201811/t20181109_91975.html。

表1-1 文化印刷复制产业基地建设重点项目

序号	项目名称	主要建设内容
1	宜宾日报社彩印包装基地	项目占地45亩，由宜宾新彩印务公司一期投资5300万元，在罗龙工业集中区建设酒类彩印包装基地。二期迁入印报车间，进一步拓展彩印业务
2	包装升级技术研发及应用	由宜宾普什集团3D有限公司投资5000万元，重点实施新型光学材料的研制、3D包装升级换代、复合包装研发、PET光面包装研发、全息片材包装研发及应用等项目
3	五粮液丽彩集团技改升级	由五粮液丽彩集团投资3000万元，进行半自动丝网印刷方式的技术改造升级
4	长宁县天成印务迁建	项目拟占地100亩，由长宁县天成印务有限公司投资18116万元，新增年产3亿套高温及低温玻璃烤标生产线，建筑面积约20万平方米
5	筠连县环保型包装印刷	项目占地28亩，由恒博包装有限公司投资12100万元，引进全自动纸质包装生产线设备和全自动凹印生产线成套设备，新建厂房建筑面积1.2万平方米

（二）文旅结合，打造文旅产业园区

打造具有重要历史文化符号的老城区特色文化旅游功能区。重点以历史文化为元素打造冠英街特色文化街区，改造麻线街—走马街历史文化娱乐集聚区；通过保护、修缮、配套等措施提升南溪县广福街、官仓街—西大街等街区的历史文化内涵。以健康休闲文化为元素，完善休闲区域的健身、文化宣传展示设施，提升翠屏山、真武山、七星山绿色生态休闲健康文化旅游服务功能；以酒都文化为元素，打造岷江新区"中国酒都"文化旅游街区；以宜宾"三江六岸"天赋自然资源为依托，继续完善滨江文化旅游设施和长江历史文化展示长廊建设，形成"万里长江第一城"的大江文化旅游品牌。

打造县域文化旅游产业集聚区。围绕县域历史人文景观、民族特色文化、绿色生态资源，以古镇文化、古道文化、竹文化、僰人文化等为脉络，以古镇、遗址、景区为重要载体，加强县域文化旅游产业发展区的规划建设，不断完善文化旅游服务设施和人文景观景点建设，串接融入形成川南旅游大环线，打造川南地区特色文化的展示廊道，创建川南特色文化旅游品牌。打造翠屏区李庄古镇和南广古镇，突显川南古镇文化；打造叙州区横江古镇、石城山，突显横江古镇文化遗存和石城山自然风光；打造屏山县龙华古镇，展示古镇文化、传统村落文化、佛教文化、向家坝考古发掘成果；打造江安县夕佳山民居，集中展示川南民间建筑和民俗文化；加强"五尺道"遗存保护与合理利用，彰显"五尺道"文化；加强蜀南竹海与竹文化相关的人文景观打造，突显竹文化；加强僰人悬棺、九丝城、王武寨等突显僰苗文化的遗址保护与利用，办好苗族花山节。

打造"一城两海"休闲文化旅游产业带。以蜀南竹海、兴文石海及所在乡镇为核心，以长江、岷江、金沙江沿线及向家坝库区生态旅游为重点，打造沿江大江生态文化旅游产业带。

打造红色文化旅游产业带。以红色文化为魂，将赵一曼纪念馆、赵一曼故居、李硕勋烈士纪念馆、朱德故居、阳翰笙故居、余泽鸿故居、余泽鸿纪念馆、筠连大雪山红军墓、红军川滇黔边区游击纵队纪念馆、大坝苗族乡红军长征纪念碑、大河苗族乡红军长征纪念碑等串珠为链，形成红色文化旅游产业带。

"十三五"期间，宜宾规划建设南溪文化创意产业博览园、中国李庄特色文化产业园、横江古镇—石城山文化体验区等13个特色文化旅游产业园区重点项目（见表1-2）。

表1-2 特色文化旅游产业园区重点项目

序号	项目名称	主要建设内容
1	南溪文化创意产业博览园	项目占地约2000亩，新建七个主题区：文化创意产业园、高等职业教育（大学城区）、电影主题乐园、青少年体验式素质教育基地、影视拍摄基地、旅游风情演出区、文化小镇。升级南溪古街4A级旅游景区：在古街建设南溪历史名人展览馆、白酒酿造展览馆，加大特色旅游纪念品、文创产品的开发力度，培育一批具有核心竞争力的商业综合体、购物中心、星级酒店、影视城、健身中心、旅游客栈等业态
2	中国李庄特色文化产业园	项目以李庄东新区为核心，规划控制区范围约3平方公里。在李庄古镇老、旧街区（街道）维护和改造基础上建设古镇新园，以酒文化为元素，重点建设包括宜宾印象、醉美宜宾、品茗三江、酒都风情、开心天地、人间四月天6个分园项目
3	横江古镇—石城山文化体验区	项目拟投资6.3亿元，在保留横江古镇原有空间格局和建筑形态的基础上，沿横江古镇建设滨河娱乐休闲廊道，在横江新镇建设古今结合的商道文化演绎区，综合利用古镇自然景观、人文景观、历史文化资源，打造集度假、避暑、探险、露营、访古于一体的旅游胜地

续表1-2

序号	项目名称	主要建设内容
4	龙华古镇—八仙山文化体验区	项目拟引资2亿元，依托龙华古镇"中国历史文化名镇"和八仙山"第一立佛"等文化名片，龙华"女子踩桥"等非物质文化遗产文化资源，打造集自然、人文、宗教、民俗等文化元素于一体的文化旅游体验区，发展古镇观光游览，策划龙华特色节庆等活动
5	马湖古城文化综合项目	项目总建设面积230亩，拟投资1.95亿元，占地116亩，复建向家坝屏山库区42处地面文物和打造古城园林景观，建设集吃、住、游、购、玩于一体的书楼古镇文化体验园
6	塘坝古镇川滇文化旅游区	项目拟引资3.5亿元，以茶文化和茶马古道历史、采茶制茶体验、茶文艺表演等为核心，建设川丰古街和风情街、清溪沟茶文化主题公园、仙雾山国家森林公园、幸福村农业休闲体验项目等，打造一个集农业观光、文化体验于一体的文化旅游项目
7	南溪长江生态文化旅游产业综合开发	项目拟投资20亿元，在城市规划的凤凰大道以西，立足于以木本花卉为主要生态打造基底，打造一个集生态、休闲旅游、健身、游乐、动漫、VR体验等于一体的综合性文化旅游产业项目
8	珙县古僰文化产业园	项目拟投资5亿元，建设芙蓉山煤矿工业遗址公园、农耕文化陈列馆、休闲旅游度假区、文化产业区、拓展体验馆等
9	江安夕佳山民俗风情园	项目拟投资4.5亿元，在夕佳山民居景区内建设仿古街、风情园农耕文化观赏区及体验区、民俗文化茶园、世外桃源观赏区、白鹭栖息观赏区、盆景区、水榭区等
10	兴文县僰苗文化产业带（石文化旅游产业园）	项目拟投资2.5亿元，依托兴文石海景区和僰王山景区，以苗族、僰人文化为主题，打造集观光、文化体验、休闲度假于一体的产业集聚区，包括手工艺生产（芦笙、牛皮鼓、竹箫、刺绣、蜡染服装）、苗族风情表演（上刀山、下火海、挤芦笙）、非物质文化遗产展示（大坝高桩）
11	一曼红色文化创意产业园	在赵一曼故居保护修缮的基础上，借助声、光、影、水、雾、烟等现代科技手段，建设红色文化电影拍摄基地和1个7D动感电影院，打造赵一曼红色文化旅游景区
12	宜宾茶文化产业园（茶博园）	项目拟引资20亿元，在宜宾国家农业科技园区，以世界茶叶和茶文化为主题，打造一座集世界茶历史、茶文化、茶科技、茶贸易于一体的现代旅游观光及文化体验园区，并打造成国家"AAAA"级风景区
13	中国白酒文化产业园	项目拟引资5亿元，建设酒都文化长廊、酒文化博物馆、酒文化影视基地、酒家一条街、世界名酒体验区等

（三）依托山水历史文化资源，打造文化艺术影视基地

基于宜宾丰富的山水自然资源和历史文化资源，大力建设文化艺术影视基地，推动影视产业与文化旅游等相关产业融合发展，打造集影视拍摄、旅游、娱乐于一体的影视城，建设江安国立剧专文化产业园、南溪区川南影视基地、长宁影视城3个文化艺术影视基地重点项目（见表1-3）。

表1-3 文化艺术影视基地重点项目

序号	项目名称	主要建设内容
1	江安国立剧专文化产业园	项目占地680亩，由蔡安安（澳门）投资有限公司投资15亿元，建设剧专艺术学院、微电影孵化园、艺术家工作室、影视基地等
2	南溪区川南影视基地	项目拟引资2000万元，与川人国际文化传媒合作，利用南溪古街历史文化遗产资源、长江文化资源，打造国内知名影视剧拍摄基地
3	长宁影视城	依托蜀南竹海竹文化资源和旅游产业优势，建设集影视拍摄、影视学院、后期影视制作、影视展示于一体的影视产业基地

（四）依托县乡资源，促进乡村文旅繁荣

以回归自然、农耕体验为方向，建设一批"望得见山，看得见水，记得住乡愁"的生态文化园、农耕文化园、农林渔家乐、健康养老基地，打造"美丽宜宾乡村行"及桃花游、荷花游、茶花游、李花游等乡村旅游品牌，大力发展文化旅游休闲产业新业态，重点建设中国茶花生态博览园、南溪区汽车主题文化公园、四川省茶业集团股份有限公司（以下简称川茶集团）茶文化产业园等11个县乡文化旅游重点项目（见表1-4）。

表1-4 县乡文化旅游重点项目

序号	项目名称	主要建设内容
1	中国茶花生态博览园	由宜宾龙茶花海公司投资建设茶花生态博览园，重点建设茶花科普示范区、茶花园体验区、茶花休闲观光区
2	南溪区汽车主题文化公园	项目拟引资5亿元，以汽车文化为主题，打造集汽车博物馆、汽车商业服务、汽车主题餐饮娱乐、露营基地于一体的汽车主题公园

续表1-4

序号	项目名称	主要建设内容
3	沙河驿历史文化旅游小镇	项目拟引资6.8亿元，建设旅游文化古镇和沙河豆腐美食文化创意园
4	江安橙花岛文化旅游	项目拟引资6亿元，修复傅增湘故居，建设具有名人文化气息及特色生态观光价值的复合型旅游景区，打造万里长江第一旅游度假岛
5	竹海·熊猫世界文化旅游	项目拟引资3.2亿元，整合竹文化与熊猫元素，在竹海镇投资建设熊猫家园、水上乐园、世纪竹园、户外生态运动区五大功能区，打造集熊猫科研保护繁育、观赏、娱乐、生态度假、户外运动于一体的综合性旅游景区
6	清平彝族风情园	项目拟投资3亿元，分三期建设江边环道观光、奇骏石林滨江公园、孟获广场、彝族工艺服饰展销区、阿苏拉则彝族文化博物馆、游客中心、彝家新寨等，彰显清平彝族民俗文化
7	川茶集团茶文化产业园	依托川茶集团现有厂区和种植基地，以茶为中心，建设茶叶生产和文化体验中心、茶道体验馆、茶叶电子商务和交易中心、茶文化主题休闲娱乐公园、茶素食餐饮服务
8	川红茶文化科技产业园	依托川红集团，拟投资3.65亿元在符江农产品加工园区建立一个占地200亩的川红工夫技术中心及生产加工园区；在高县可久镇高龄村建设一个茶业博览中心、一个川红体验会馆和一个精制加工中心
9	花季乡村旅游	组织以橙花、荷花、菜花、梨花等花季为主题的乡村旅游节气活动，重点包括江安桐梓镇橙花节、大妙乡荷花节、长宁开佛镇梨花节、筠连春风村李花节、高县罗场镇茶花节、翠屏区佛现山栀子花节等
10	龙滚滩4A级旅游景区	项目拟投资2亿元，依托水库资源，开发婚纱摄影基地、帐篷主题酒店、山地运动、露营、缆车等旅游项目，同时打造开心农场、特色采摘基地，建设一个集观光旅游、休闲娱乐、特色农耕文化、山地运动于一体的综合型的4A级中央森林公园
11	红豆杉4A级旅游景区	项目拟投资3亿元，以马家乡社林村为中心，辐射周边的济民村、华林村、楠木村，种植发展红豆杉种植基地1万亩，打造并连接马家乡其他生态旅游景点，建设以康复医疗、养生养老、休闲旅游于一体的综合项目

（五）对宜宾市"十三五"文化产业规划重点项目的营销建议

所有文化产业项目都需要与数字互联网等新技术融合，促进文化产业发展的数字化技术升级。新媒体技术的发展带来了文化产业跨越式进步的可能。新媒体本身既是形式，又是内容，不同文化产业形式与新媒体都可以进行对接，可以产生个性化的产业模式，特别要重视移动终端的融合，同时也要借助网络电视平台、网络声像平台推送文化旅游产品。加快推进电信网络、广电网络和互联网三网融合，促进互联互通，资源融合共享。积极发展手机报和网络出版物等新兴出版发行业态。

传统文化行业不是现代文化产业，没有原型力量的介入，在内容的包装与营销方面都与现代文化产业还有一定差距。传统文化行业要与数字信息技术嫁接，整合声音、文字、图像融合发展，运用声音、文字、图像、气味、感觉等元素让游客感受立体视觉冲击、听觉冲击。寻找产业文化符号唤醒消费者的潜在可能，结合多种方式推进文化产业项目，形成产业基地与物流结合、户内户外结合、线上线下结合、传统与现代结合、虚拟与实体结合的现代产业架构。在现代产业的发展过程中，要充分注重宜宾文化产业的整体营销，将传统媒体推送与新媒体推送有机结合，力求形成文化产业各项目的创意营销新业态。

第三章 宜宾白酒产业发展现状及发展研究

宜宾属于亚热带季风湿润气候，冬夏气温落差明显、降水落差明显，森林植被茂盛，土壤构成独特，适合各种微生物的生长。该纬度地区富含利于酒分子形成的微量元素"镍"和"钴"，联合国粮食及农业组织报告认为地球上的这一纬度有助于生产高质量的纯蒸馏酒。气候、水源、土壤构成的独特自然生态环境，使得宜宾拥有得天独厚、不可复制的微生物菌群。

宜宾作为浓香型白酒的发源地，酿酒历史悠久，酒文化积淀深厚。据史料记载和出土文物考证，自商代以来，历代佳酿频出。位于宜宾江北公园内的流杯池、位于五粮液酒厂内的安乐泉、位于宜宾市老城区的东楼等名胜古迹无不见证了宜宾数千年的酿酒发展历史。五粮液至今使用的明代窖池群"长发生"已有600多年历史，是我国发现最早的至今仍在使用的以地穴作为存放载体、以曲酒作为发酵媒介的发酵窖池。宜宾有4000多年的酿酒历史，在酿酒技术、白酒存放、取酒工艺品、饮酒历史文化名人作品、酒宴石刻画像等方面的出土文物层出不穷，大部分陈列在宜宾酒业博物馆中。千百年来，杜甫、苏轼、陆游、黄庭坚等文人墨客留下的咏赞宜宾美酒之作不仅证明了宜宾美酒的源远流长，也丰富了宜宾酒文化的内涵。

宜宾作为中国白酒之都，酿酒历史悠久，酿酒品种丰富多样，白酒企业众多，白酒产量巨大，酿酒技术精湛，历史文化深厚，基酒供应全国。宜宾的浓香型白酒是中国白酒的典范，五粮液作为世界名酒，600多年前就以杂粮酒的品牌在明朝小有名气。五粮液不仅以产酒闻名于世，五粮液的酒窖本身就是世界物质文化遗产，是宜宾历史文化名城的重要组成部分。1952年5月，川南行署区专卖事业公司宜宾专卖事业处所属国营二十四酒厂（五粮液酒厂前身）成立，

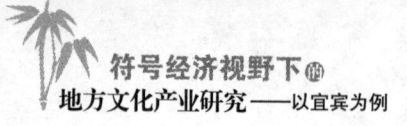

1959年正式命名为"宜宾五粮液酒厂"。当时宜宾酒业产量不足100吨。①

改革开放后,全国兴起了"川酒热",宜宾白酒在较长时期保持了较快发展势头。1980年,宜宾白酒产量在1万吨以下;1996年,宜宾年产白酒超过10万吨,年均增长17.85%。当中国白酒产量整体下降时,宜宾白酒产量保持了罕见的增长势头,处于全国领先地位。

2010年,四川省食品工业百强销售企业排行榜中,五粮液集团公司排名第一,宜宾高洲酒业有限责任公司排名第二十六,宜宾红楼梦酒业集团有限公司排名第七十九,宜宾华夏酒业有限公司排名第八十七。2016年第一季度,以五粮液及其系列酒(五粮特曲、尖庄、五粮醇等)为代表的宜宾白酒出口创汇2.25亿元,与上年同期相比在产值上增长了109.2%。出口产品主要有五粮液、尖庄、桂宾、五谷特系列酒。主要出口对象为东南亚、北美洲国家及中国港澳地区,出口国家和地区的数量为20多个。② 2019年,四川宜宾55家规模以上白酒企业实现产量67.7万千升,实现营业收入1302.7亿元,实现利润总额283.2亿元。③

第一节　宜宾白酒产业发展现状④

2021年,在双循环战略的深入推进下,宜宾市白酒产业呈现出稳中向好的态势。

一、宜宾白酒产业发展稳中有升

(一)三项指标同步增长

从白酒产量、营业收入和利润总额三项主要指标来看,宜宾51户规模以上白酒企业实现产量70.3万千升,同比增长2.8%,增幅高于全国3.4个百

---

① 郭五林、孟宝、陈利容等:《中国酒文化研究(第四卷)》,中国轻工业出版社,2014年,第25页。
② 江源:《宜宾市2016年一季度白酒出口货值增长109%》,《酿酒科技》,2016年第5期,第126页。
③ 晓文、萤子、小雨:《2019年四川宜宾白酒产量67.7万千升》,《酿酒科技》,2020年第6期,第117页。
④ 《关于加快推进我市白酒产业高质量发展的报告》,宜宾市经济和信息化局,2022年。

分点，总量占全国的 9.8%，占全省的 19.3%；营业收入为 1634.8 亿元，同比增长 14.2%，增幅高于全省 0.6 个百分点，总量占全国的 27.1%，占全省的 50.3%；利润总额为 365 亿元，同比增长 16.6%，增幅低于全国 16.3 个百分点，低于全省 7.1 个百分点。

（二）企业税收增长明显

宜宾酒类企业税收为 253.8 亿元，同比增长 10.9%，总额占全市税收的 54.5%。其中，五粮液集团公司酒类税收为 242.8 亿元，同比增长 8%，总额占全市酒类税收的 95.7%，占全市税收的 52.2%；其他酒类企业税收为 11 亿元，同比增长 169.5%。

（三）龙头企业高速增长

龙头企业五粮液集团公司白酒产量同比增长 3.9%，营业收入、利润总额保持在 16% 左右的高速增长。其他 50 家白酒企业的白酒产量同比增长 2.5%，低于全市 0.3 个百分点；营业收入同比增长 6.4%，低于全市 7.8 个百分点；利润总额同比增长 17.7%，高于全市 1.1 个百分点。

（四）产业园区蓬勃发展

五粮液产业园区规划 18 平方公里，已建成 10 平方公里，入驻企业主要是五粮液集团公司及其下属公司。翠屏区（双谊）规划产业园区规划 10 平方公里，已建成 1.5 平方公里，有川兴酒业、叙州液 2 家规模以上白酒企业入驻。南溪区（九龙）规划了白酒产业园区 10 平方公里，已建成 3 平方公里，营业收入达 110 亿元，入驻规模以上企业 30 家，其中入驻的白酒企业有今良造酿酒、六尺巷酒业、恒生福酒业等 13 家。

（五）品牌建设多管齐下

宜宾先后举办了"2021 天府·宝岛工业设计大赛酒器创意文化设计专项赛启动仪式暨设计师进宜宾对接活动""首届'五粮液杯'四川省大学生酒类创新创意大赛决赛""2021 大国浓香（广州）投资高峰论坛暨宜宾产区推介会""酒都宜宾　浓香天下——全国主流媒体走进长江'零公里'最优酿酒生态圈采风活动"等活动。宜宾拥有"世界名酒"五粮液，"国家地理标志保护产品"宜宾酒；有"五粮液""五粮春""五粮醇""金潭玉液""华夏春""竹海""叙府"等 8 件白酒类中国驰名商标。五粮液荣获第十九届"全国质量

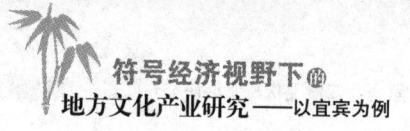

奖",成为白酒行业唯一四度问鼎中国质量管理领域最高荣誉的企业;成功入选工信部第三批工业产品绿色设计示范企业,成为白酒行业唯一获此殊荣的企业;据2021年6月22日世界品牌实验室发布的2021年中国500最具价值品牌榜,五粮液以3253.16亿元的品牌价值排名第17位。今良造制酒、长兴酒业、高洲酒业、竹海酒业、金喜来酒业、六尺巷酒业、永乐古窖酒业(红楼梦)等7家企业进入"首届四川省原酒生产企业20强"公示名单。金竹酒业通过国家高新技术企业认定。

(六)注重研发,提升品质

宜宾现有国家白酒产品质量检验检测中心(四川)(A区位于市场监管局、B区位于五粮液)、国家级酒类检测重点实验室(位于宜宾海关)、四川轻化工大学(中国白酒学院)、四川省社会科学重点研究基地中国酒史研究中心(宜宾学院)、四川省人力资源和社会保障厅博士后创新实践基地(宜宾学院),五粮液自有或主导的还有中国酒业协会职业技能培训基地、国家级工业设计中心、国家级技术中心、博士后科研工作站、中国酒业大数据中心、国家酒类品质与安全国际联合研究中心、浓香型白酒固态发酵重点实验室、固态发酵资源利用四川省重点实验室、四川省酿酒专用粮工程技术研究中心等9个省级以上科创平台,叙府酒业、高洲酒业、金喜来酒业、今良造制酒等4户企业建有省级企业技术中心。全市拥有酒类专业人才约5000人,五粮液占4400名。

(七)顶层设计,政策支持

2021年3月,宜宾成立了以市委主要领导任组长、市人大常委会主任任常务副组长的工业"5+1"产业发展领导小组白酒食品产业发展推进组;印发《宜宾市白酒产业发展规划(2021—2025年)》(宜府办函〔2021〕27号);2021年6月出台《关于推动白酒产业高质量发展的意见》(宜委办〔2021〕9号)和《推动白酒产业高质量发展的支持政策》(宜办〔2021〕82号),圆满承办了2021年全省优质白酒产业推进会。

二、宜宾白酒产业亟待解决的问题

(一)品牌塑造有待提升

宜宾拥有"中国白酒之都""世界十大烈酒产区""独特多粮浓香型传统固

态法酿造工艺""国家级非物质文化遗产五粮液酿造技艺"等文化品牌符号，但是对这些文化品牌的整体形象塑造不够持续深入，通过融媒体方式开展文化品牌宣传推送力度有待提升。中小白酒企业有品质优势但缺乏品牌优势，导致产品附加值不高。中小白酒企业普遍希望加强品牌识别和市场营销研究支持，需要凝聚产区历史文化符号形成品牌合力，从而提高品牌竞争力，提升中小企业白酒的品牌价值。宜宾仅有龙头企业五粮液集团公司打造了超高端品牌"皇冠上的明珠"501五粮液，高端品牌经典五粮液、第八代五粮液，以及次高端、中端品牌五粮春、五粮醇、五粮特曲、尖庄浓香系列等。大量中小白酒企业虽然努力尝试提升品牌价值，丰富不同产品层次供给，但是没有注重历史文化符号的深度加持，没有进行多聚道、多维度、长时段的融媒体品牌推送，缺乏持续的品牌宣传资金投入，未能充分利用宜宾市大学城、科创城的科研及人才支撑优势，对品牌内涵外延的精准定位不足。

（二）产业集聚发展不够

宜宾白酒企业分布散，未实现集约集群发展。除五粮液产业园区外，虽然专门规划建设了酒类园区，但由于土地指标、环境容量等要素配置不充分，园区发展迟缓。与此同时，白酒检验检测等国家级公共平台因分布较散、机制不活、硬件投入不足、宣传不够等原因作用发挥不够，导致部分中小白酒企业基于成本、客户诉求、检测机构影响力等多重考虑，存在较多的市外购买检验检测、包装设计等配套服务。据不完全统计，每年全市中小白酒企业检验检测328批次，费用达72.8万元，其中市外检测费用为15.5万元，占总检测费用的21.2%。五粮液集团公司部分重大平台主要服务于自身发展，对产区和中小白酒企业技术指导、人才培养和检验检测服务等带动不强，四川酒茶集团公司对产区品牌运营和产业链集成作用发挥不足。

（三）企业梯度培育不够

除五粮液外，其余白酒企业普遍小、散、弱，2021年50家中小白酒企业营业收入为234.6亿元，户均4.7亿元，缺乏30亿级腰部支撑企业。

（四）酒类专业人才不足

宜宾酒业专业人才约5000名，龙头企业五粮液就有约4400名，占比88%，其他中小企业只占12%。酒类专业人才对中小酒类企业支撑不足，也成为中小酒类企业发展缓慢的重要原因。与此同时，多数企业负责人的年龄都超过了55岁，部分知名企业负责人在70岁上下，管理团队年轻化、专业化不足，缺乏懂战略管理、品牌营销、文化传播、资本运作的新生代白酒领军人才，市县区两级抓白酒产业发展人才队伍不足。

（五）宜宾白酒国际化道路漫长

中国酒文化讲究历史感、文学感、文献感、时空感的定性分析，而西方酒文化讲求的是元素、微生物、数据的定量分析，追求精确、客观。尽管不少宜宾白酒生产企业与销售企业在开拓海外市场上投入不少人力、物力、财力，但是由于对国际准则的了解不够，对国际营销技术掌握不够，对世界各国关于白酒的生产饮用的法律法规了解不够，对文化差异的理解和解读不够，导致很难讲好中国白酒故事，中国白酒传播收效甚微。同时，口感、生产标准及关税壁垒等，使得中国白酒在国际市场上呈现出文化辐射的弱势状态。世界各国尤其是欧美国家对于中国白酒工艺技术的刻意误读，对中国白酒的质量检测标准有认知偏差，导致中国白酒在国际市场受众面很窄，中国白酒出口阻力重重。宜宾白酒走出国门受到上述诸多因素制约，国际化营销举步维艰，只有五粮液集团公司一花独秀，其在欧洲、美洲、亚太等多地设立国际营销中心，产品销往国外56个免税店，分销业务覆盖100余个国家和地区。

第二节　宜宾白酒产业发展战略[①]

当今时代，符号已经作为重要的经济元素而存在，面对浩如烟海的符号体系，人们需要考虑采用哪些符号来构建产业和品牌的符号体系，建构产业、产品的最佳符号匹配系统，从而唤醒消费者心中潜藏的原型力量，建立起管理者、生产者、产品与消费者之间的符号关联。宜宾白酒产业在未来的发展过程中，需要牢牢抓住宏观的政策符号系统、中观的技术符号系统、微观的品牌符号系统展开文化战略创意。具体而言，要从宜宾白酒产业发展的定位、目标、机遇、优势、重点等几大方面去建构符号系统，从技术文化、管理文化、历史文化、符号传播等方面入手，找到唤醒管理者、生产者、消费者潜在的密钥符号体系，大幅提升宜宾白酒在国内外的知名度、美誉度、影响力，开启宜宾白酒产业发展的辉煌历程。

---

① 《关于加快推进我市白酒产业高质量发展的报告》，宜宾市经济和信息化局，2022年。

为加快推进宜宾白酒产业高质量发展，宜宾白酒产业工作者需要坚持一个定位、紧扣三大目标、抢抓三大机遇、发挥三大优势、聚焦六大重点。

一、坚持一个定位

着力打造世界优质浓香白酒主产区，构建长江"零公里"最优、最美酿酒生态圈。

二、紧扣三大目标

一是核心指标倍增。到2025年，白酒营业收入、利润总额分别突破2000亿元、600亿元，产量突破100万千升。2022年宜宾酒类产业营业收入、利润总额保持10%左右增长，营业收入总量突破1000亿元，力争达到1100亿元。二是企业梯次优化。到2025年，五粮液股份公司实现营业收入超过1000亿元；四川酒茶集团公司成为百亿级企业，实现营业收入500亿元；培育30亿~100亿元级企业6家，10亿元级企业10家。三是彰显品牌价值，到2025年，着力打造5~10个在全国具有市场影响力的知名白酒品牌。

三、抢抓三大机遇

抢抓国家双循环战略深入实施，推动大消费产业蓬勃发展特别是消费结构升级的机遇；抢抓《成渝地区双城经济圈建设规划纲要》全面落地，整合白酒主产区优质资源，培育特色消费品产业集群的机遇；抢抓四川省政府出台实施《推动四川白酒产业高质量发展的若干措施》，加快打造全国白酒全产业链示范区、构筑世界级优质白酒产业集群新优势的机遇。

四、发挥三大优势

发挥五粮液"中国酒业大王"以及世界品牌和浓香型白酒龙头的带动优势；发挥"中国白酒之都""世界十大烈酒产区""独特多粮浓香型传统固态法酿造工艺"国家级非物质文化遗产产区优势；发挥长江首城独有的生态资源优势。

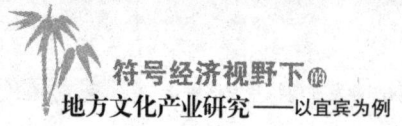

五、聚焦六大重点

(一) 聚焦顶层推动

一是凝聚共识，推动白酒产业高质量发展。二是完善管理机制，优化市、县区（园区）白酒产业干部队伍配置。市级主管部门要增加专门从事白酒产业发展干部的编制；涉酒工作部门要加强对酒类生产企业提供要素协调配置服务，充分发挥宜宾市大学城、科创城的产学研优势，四川酒茶集团公司等企业要在整合指导中小酒类企业发展方面发挥平台作用；五粮液集团公司要会同在宜涉酒科研院校在五粮浓香技艺研发与科学传播、人才培养上发挥示范作用；酒类协会要发挥落实行业自律、反映行业诉求、支持行业交流合作的作用，积极参与行业规划、政策支持、标准制定、数据统计、评估评价、诚信体系建设等工作，为酒类市场主体提供优质服务，加快形成高效务实的协同工作机制。三是优化政策支持，落实已出台的《推动白酒产业高质量发展的支持政策》，加快实施精准有力举措支持白酒产业高质量发展。四是重视总体策划，狠抓《宜宾市白酒产业发展规划（2021—2025年）》的落实工作，聘请高水平专业工作团队对宜宾白酒产区进行总体策划塑造，并实施清单化工作模式予以推进落实。

(二) 聚焦园区能级提升

一是加快推进五粮液产业园区及拓展区建设发展。加快五粮液园区生态环境改造和基础设施建设，重点推动五粮液产业园区非酒产业搬迁和双龙湖生态酿酒基地建设。同步推进宜宾白酒产业园（翠屏双谊）规划建设，拓展园区0.7平方公里，推进总投资6.3亿元、占地184亩、面积近18万平方米的标准厂房建设，以及象明路连接线和G247连接线等总长7.78公里道路建设，力争2023年12月全面完工；加快启动园区供水厂和污水处理厂扩建。二是高标准规划建设南溪九龙的宜宾酒类食品园区，拓展园区面积0.6平方公里，推进G353道路连接线等总长约12.4公里的11条道路建设；同步推进企业招商引资工作，规划引导白酒关联企业入驻园区，形成贯通上下游的技术研发、生产经营、品牌传播、文旅融合的白酒全产业链。

（三）聚焦企业梯队培育

一是提升五粮液集团公司引领带动产区的作用。支持五粮液集团公司加快深化改革，扩大优质白酒产能，发挥五粮浓香酿造技艺、人才、品牌、研发和检验检测优势，彰显五粮液集团公司的引领示范服务功能，以带动宜宾白酒产区价值整体提升和中小企业特色发展。二是充分发挥四川酒茶集团的整合服务功能和发展破局功能。支持四川酒茶集团公司在促发展、建生态、树品牌方面的发挥作用，深化资本运作功能，在原粮供给、原酒生产与收储、品牌发展、包装设计、检验检测、人才培养等领域发挥补链、延链作用，有序推进宜宾中小酒类企业资源整合，推动"宜宾酒"的整体品牌运营战略，促进市场化产投与平台引领的有机结合，破解中小白酒企业散小化、专业化配套不足的问题，带动一批中小型白酒企业各类指标保持两位数以上的增长，力争 2022 年集团公司实现营业收入 30 亿元。三是推进中小白酒企业特色发展，打造一批发展潜力大、成长性好、治理规范、特色鲜明的中小白酒企业，充分发挥它们的示范标杆作用，加快培育形成 30 亿~100 亿元级企业 6 家（翠屏区、南溪区、叙州区至少各 1 家），10 亿元级企业 10 家，推动企业梯队从"月明星稀"向"众星拱月"转变。

（四）聚焦重点项目推进

强化督促协调，扎实推进酒类重点项目建设中的能评、安评、环评和用地保障服务，全力推动五粮液 10 万吨生态酿酒一期工程建设，推动一期工程建设中的成品酒包装及智能仓储配送一体化、勾储酒库技改工程及酿酒专用粮工艺仓建设及磨粉自动化改造、517 车间技改工程；推进四川酒茶集团公司白酒中心一期工程建设；推进宜宾六尺巷酒业公司技改第二、三、四期工程建设；推进永乐古窖战略重组红楼梦的投资技改工程；推进兴文县年产 5 万千升啤酒生产等重点项目建设。

（五）聚焦宜宾白酒产区品牌塑造

一是推进形象宣传工作，在全国主流媒体和知名新媒体开展走进长江"零公里"最优最美酿酒生态圈采风活动，借力借势字节跳动、云酒头条、《四川经济日报》等知名宣传媒介，制作产区宣传片，将城市宣传、品牌宣传、香型和酿造技艺宣传、宜宾白酒品牌的历史文化宣传等要素融为一体，形成立体传播态势，提升"中国白酒之都""世界十大烈酒产区""五粮浓香"产区品牌辨识度、知名度、美誉度和影响力。二是搭建宜宾白酒产区高质量展示平台，坚持以宜宾产区名义组团参加各类知名专业展览展示，举办"五粮液杯"大学生酒类创新创意大赛，开展酒类营销大赛，美文类、视频类宜宾酒品牌故事竞赛等活动，办好 2022 中国国际名酒博览会，发挥宜宾东楼酒文化展览馆的宣传展示作用，积极探索利用融媒体平台模式对宜宾白酒产区整体品牌形象进行塑造和传播。在宜宾酒类品牌传播营销过程中要注重 4000 年白酒生产的历史文化加持，讲好宜宾酒故事，传播宜宾酒文化，塑造宜宾酒品牌。三是着力强化品牌建设，持续加强五粮液主品牌、五粮液系列酒品牌、五粮液仙林生态酒品牌的建设力度，推动形成第八代五粮液和经典五粮液双轮驱动的战略格局。支持四川酒茶集团公司整体塑造"宜宾酒"品牌的历史文化符号的内涵和外延，创新传播形式，让产学研形成合力对宜宾中小白酒企业的已有品牌进行深度改造，充分加持宜宾酒的历史文化内涵；支持六尺巷酒业借助总部劲牌公司营销优势打造"六尺巷"品牌和"南溪白酒"地理标志证明商标；支持永乐古窖酒业借助其渠道优势推广"永乐古窖"品牌；支持叙府酒业、金喜来大观园酒业、恒生福酒业、竹海酒业、国美酒业等一批基础扎实的企业打造区域特色品牌；对各类中小白酒企业的已有产品品牌重新进行产品细分、市场细分、消费群细分，从定性分析和定量分析的视角重新进行品牌的市场定位，鼓励酒类企业通过融合线上线下的方式拓展市场。

（六）聚焦创新发展

一是加大酒类科技研发，支持五粮液集团公司牵头争创全省产业（制造业）创新中心，支持六尺巷酒业等企业探索推进机械化、自动化、信息化和智能化酿造技术，推动白酒企业深化同四川轻化工大学（中国白酒学院）、宜宾学院固态发酵实验室、宜宾学院中国酒史研究中心等科研机构在设备研制、产品研发、人才培养和酒文化传播等方面的合作。二是强化质量标准引领，充分发挥宜宾本土国家级、省级检验检测平台的作用。加强白酒市场执法管理和专项整治工作，强化对线上线下酒类产品质量一体化监管和知识产权保护，推动企业实施《食品工业企业诚信管理体系》，提升企业诚信体系管理水平，强化食品安全底线。推动四川酒茶集团公司与国家白酒产品质量检验检测中心（四川）、国家级酒类检测重点实验室等国家级平台的合作，充分发挥国家级检验检测和产业投融资平台的功能，探索按市场化模式组建国资性质的检验检测集团，服务白酒产业高质量发展的需求。三是鼓励有条件的企业和园区发展第一、第二、第三产业联动的酒庄经济。支持五粮液打造规模一流、生态一流、文化一流的国际化产业园区和国家工业旅游示范基地；支持永乐古窖酒业、金喜来酒业、竹海酒业、叙府酒业等企业推进"酒＋""＋酒"的发展模式，打造特色酒镇、酒庄、酒谷。四是扎实推进酿酒专用粮基地的建设，加大政策引导支持力度，鼓励五粮液集团、四川酒茶集团等企业实施酿酒专用粮基地建设，从源头上提升宜宾白酒的产品品质。

第三节　宜宾白酒产业发展规划

白酒产业是宜宾的传统优势产业和核心支柱产业。近年来，宜宾白酒产业发展较快，规模体量持续扩大，为推动宜宾的经济社会发展作出了巨大贡献。当今世界正经历百年未有之大变局，新一轮科技革命和产业变革孕育兴起。当前和今后一个时期，我国发展仍然处于重要战略机遇期，经济已转向高质量发展阶段，白酒产业在经过深度调整期后进入向优势品牌、优势企业、优势产区集中的集聚发展阶段，结构性繁荣和挤压式增长成为主旋律。

为推动白酒全产业链优化升级，提高质量效益和核心竞争力，提升"中国白酒之都"地位，宜宾市政府于2021年3月17日印发了《宜宾市白酒产业发展规划（2021—2025年）》[①]。《宜宾市白酒产业发展规划（2021—2025年）》提出了白酒产业三大发展战略，即产业集聚战略、质量品牌战略、创新驱动战略。

一、产业集聚战略

坚持发展空间集中、全产业链闭环、要素配置聚焦。要统筹规划空间布局，引导企业入园集群发展，实现空间位置集中集聚、产业上下游延链补链强链，企业间优势互补协同发展，不断完善配套支撑体系，优化营商环境，加强要素保障，激发集聚效益，发挥产业集聚带来的竞争优势。

---

① 《宜宾市白酒产业发展规划（2021—2025年）》，http：//www.yibin.gov.cn/xxgk/ybsrmzfgb/gongbao/1450/1453/202105/MIT103495.shtml。

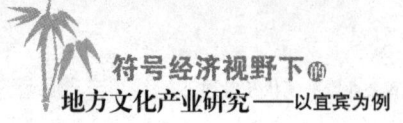

二、质量品牌战略

坚持以标准提质量、以质量塑品牌、以品牌拓市场。瞄准不断升级的市场消费需求，着力增品种、提品质、创品牌。加快健全和推广覆盖多粮浓香型白酒原粮种植、生产酿造、基酒储存、灌装等全链条标准体系，着力提高标准化、规范化水平。坚守白酒质量安全底线，加快出清低质低效落后产能，同时，要加大宜宾白酒历史文化挖掘力度，强化产区白酒品牌培育，全方位利用媒体、线上线下各大平台及各种展会宣传宜宾白酒，形成宜宾浓香白酒品牌雁阵，提升产区品牌价值。

三、创新驱动战略

坚持弘扬传统精华、拥抱现代科技、促进融合创新，推动多粮浓香型白酒传统固态法酿造工艺精华与现代科技深度融合，激发市场主体的积极性和创新活力，加快生物工程、基因工程、工业互联网、物联网、智能制造等新技术与白酒原粮种植加工、生产酿造、罐装物流、品牌推广等环节的融合创新，积极探索白酒产业技术创新、模式创新和产品创新，促进全产业链优化升级等。

在上述三大发展战略的基础上，宜宾还将本地白酒产业发展归纳成"推动两个发展、提升两个水平、打造四个高地"的八大重要任务。"两个推动"即推动白酒企业梯次发展、推动白酒企业整合发展；"两个提升"即提升全产业链招大育强水平、提升产业生态化发展水平；"四个打造"即打造白酒文化品牌高地、打造白酒产业创新高地、打造酒旅融合发展高地、打造产业金融服务高地。

第四章　中国竹文化与宜宾竹产业发展

中国自古就有梅兰竹菊四君子之说,赞美竹子的古诗词很多,如郑板桥的"新竹高于旧竹枝,全凭老干为扶持"等。竹子因其造型独特、挺拔出众、傲霜凌雪、坚韧虚心等特点,受到文人墨客的赞颂。在产业方面,竹子可以造纸、建房、制成竹筷、制作乐器等。目前能够从竹子躯干及竹叶中提取出来的化学成分有黄酮、苷类、活性多糖类、16种特种氨基酸,包括人体必需的7种氨基酸(赖氨酸、亮氨酸、蛋氨酸、苏氨酸、异亮氨酸、缬氨酸、苯丙氨酸),还可以提取20多种微量元素,其中包括人体必需的Fe、Si、Ca等常量元素和Mn、Mo、Zn、V、Cu、Ni等微量元素[①]。竹叶中提取的叶绿素是优质的天然食用色素,叶绿素再进行提取还可以制成叶绿素的衍生物,制作药物,用于防治口腔疾病以及抑菌。可见,竹子全身都是宝。

第一节　古往今来竹文化

中国不仅是竹的故乡,也是世界竹文化的发祥地。我国最早的文字——甲骨文中就出现了"竹"的象形文字。1915年成书的《中华大字典》收录的有"竹"字旁的汉字多达1146个。

在《中国科学技术史》中,以研究东亚文明知名于世的英国学者李约瑟称中国为"竹子文明的国度"。无论是作为建筑材料,还是竹文化的形态特征,以及文人墨客根据竹子的植物特征营造出的文化氛围,"竹子"文明在中华文明中都占据重要席位。在"能指"和"所指"方面,竹文化都体现出鲜明的中

---

① 岳永德、操海群、汤锋:《竹提取物的化学成分及其利用研究进展》,《安徽农业大学学报》,2007年第3期,第330页。

华文化特征,包含了中华文化的哲理内涵,展现了中华文化的历史感与厚重感。竹在饮食文化、制造文化、居室文化、交通文化、传播文化等方面对中国人的物质生活与精神生活产生了深远的影响。

一、竹与饮食文化

竹笋细嫩肥脆,青嫩黄亮,芳香扑鼻,鲜美可口,一千多年前就有"素食第一品"的美誉。早在宋代,我国就有了《笋谱》一书,如今我国更是以竹材、竹笋和其他竹产品为原料开发出竹笋和竹笋制品、竹子食用菌(竹荪)、竹木糖醇和竹汁饮料等竹食品。此外,竹还可以入药和制酒。明代李时珍的《本草纲目》、唐代孙思邈的《千金方》、元朝忽思慧的《饮膳正要》等医书典籍中均记载竹有"利九窍,通血脉,化痰涎,消食胀"之功效。长期的实践经验亦证明,竹叶有清凉解热、消咳止痰之功能,竹根可益气补心血。

竹子全身都是宝,全身皆可食用,全竹宴就是其典型代表。全竹宴源于宜宾市长宁县蜀南竹海风景区,其系列菜品全都与竹相关,美味可口,令人胃口大开、垂涎欲滴,是川菜中独特的佳肴制品。

二、竹与制造文化

中国是世界上最早发现竹、最早种植竹、最早使用竹、最早传播竹文化的国家。在远古时代,有记载的关于竹的神话传说有"女娲作笙簧"。先民们对竹的使用功能非常重视,竹制品异常丰富,涵盖生活器具、生产器具、工艺品、传统乐器等众多领域,以至于在汉字的结构中,有相当一部分器物名字是由"竹"字作部首的,如篮、箩、篓、笼、筒、筷、筐、箪、笾、筵、笙簧等。

从神话传说和对出土文物的考证来看,在旧石器时代,古人已使用竹子来制作生活器具。当代考古发现河姆渡遗址有竹席制品出现,在良渚遗址出土文物中竹器制品竟然有 200 件之多,而良渚文化距今有 3000 多年历史,可见中国竹文化之源远流长。《诗经》中出现的竹和竹制品多达 40 处,记载了当时人们常用的部分器物。汉代竹制生活器具"多样化""专业化""精美化"倾向趋于明显。唐宋时期竹加工生活器具数量大增,"司竹监岁采入破竹五十万竿"。

从生产器具的制作和使用来看,在中国久远的历史进程中,竹子作为原材料被广泛地用于捕鱼工具、纺织艺术品制作、弓箭等冷兵器制造以及其他生活用品和生产劳动工具的制造。竹子在农业生产方面使用最多,在旧石器时代,竹子就被广泛地用于制作竹锄、竹刀以及其他劳动生产工具。2000多年以前,李冰父子建造的大型水利工程都江堰水利工程中就大量地使用了竹筐装石头作为拦坝工具。总之,竹子在中国古代国民经济发展中发挥了巨大的作用。

三、竹与居室文化

竹有取材便利、坚固耐用等特点,因而成为我国人民建造住所的重要材料之一。大约从新石器时代开始,竹就开始进入建筑领域。先民们以竹为建筑材料,营建遮风避雨的简易住所。① 而在传统文明与现代文明交相辉映的今天,奔忙于繁华都市的现代人仍喜欢用竹制品装饰家居。

四、竹与交通文化

竹与中华民族传统的交通工具有密切联系,我国古代车子的主要构件都曾以竹为主要材料:"篧"(古代车盖的竹骨架)、"笭"(古代车子的竹帘,古代船舱里堆放东西的座架)、"笨"(古代辇车上如篷盖形的装饰)、"箐"(古代棺车上的覆盖物)等以"竹"为部首的名词的存在可谓最好的证明。"筏""篙""筒""篮""筅"等字亦能很好地证明古代先人亦曾以竹为材料,制成了各种交通工具和生活工具,对我国交通文化产生了重大影响。直至现在,一些沿海、沿河、沿江居住的民族仍然用竹来制作竹筏、竹船,作为水上交通运输的工具。

五、竹与传播文化

(一) 竹纸和毛笔

竹自进入文化领域,便对中国文化的发展和传播发挥了不可磨灭的作用。竹简、竹纸和毛笔,是横向传播和纵向传承中华文明最主要的书写材料和工具,是"中国竹子文明"的重要象征符号。

---

① 王平:《中国竹文化》,民族出版社,2001年,第45页。

(二) 名人咏竹

竹子因其挺拔苍翠、质朴清新、俊秀淡雅的自然特性和高洁、坚贞、谦虚的文化象征属性，备受历代文学家和艺术家的青睐。在中国的文学作品长廊里，将竹子作为称颂对象的诗词歌赋浩如烟海。唐代著名诗人白居易在他的著作中对竹子的特征进行了"虚心""性直""耐寒""高洁"的总结，这些特性被用来与人们的品德相比较。人们期望竹子的这些特征在人身上得以体现。唐代诗人刘岩夫颇喜竹，他撰写《植竹记》以歌咏竹子的品质与特性，其大意为：竹子坚韧有节，耐霜雪，是刚正不阿的表现；竹子满身绿叶，苍翠欲滴，具有柔美之象；竹子中空虚心正直，一览无余，无所隐蔽，是忠的象征；竹子成片生长形成美丽的竹林，绝不独活，具备义气象征；春天到来，仍然与冬天气象一致，不与欣欣向荣的诸多花木争艳，具备谦虚美德；竹子春夏秋冬四时一贯，没有特别的枯荣，没有大起大落的生活，具备平常之心；竹子低垂着枝条等待凤凰来栖息，这是乐于招贤；每年都由竹笋长成高高的躯干，这是进取之心；待到竹子被文人使用的时候，自己甘愿化为小小的竹片，于是诗词歌赋优美华章得以百代流传，这是牺牲小我成就大我的圣哲之道；战争降临竹子又被制成弓箭制止暴力，为和平而征战，为民除害，这是文武双修的境界；当主人需要的时候，又化整为零成为篾条编织为凉席，铺在宗庙以供祭祀之人跪拜；竹子可以制作成笛、笙、箫，可吹奏出虞韶之乐，声音可以达到与神仙和乐的境界，这就是礼与乐并重。具备这些品行的人，就能够配得上称为君子了！

在中国传统文化中，为什么竹子会受到如此多的赞誉？从上述古人对竹的赞颂中就可以找到答案。

(三) 墨竹画

竹被称为花中四君子之一。从古至今，在一个个大师的笔下，其独特的一面得以展现。竹子本是简单的植物，但由于它具备了太多的使用价值，人们对它产生了喜爱之情，继而成为人们精神追求的象征，成为人们审美的对象，成为美的载体，成为品德高洁的象征，演变为一种精神文化符号。墨竹画一直以来为人们所喜爱，因其简单明了，淡淡数笔就勾勒出竹子的灵魂，从而表现出人的精神追求。

第二节 竹文化符号解读

追溯中华民族5000年文明史,不难发现,由于竹子中空而挺拔有节,象征了中华民族谦虚、高洁、有气节的民族精神,因而中国竹文化成为中华传统文化百花园中独具特色的一朵奇葩。

一、无私奉献,服务人民

"食者竹笋,庇者竹瓦,载者竹筏,爨者竹薪,衣者竹皮,书者竹纸,履者竹鞋,真可谓不可一日无此君也"[①],这是宋代大文豪苏东坡对竹的实用价值的精炼表达。的确,竹子全身都是宝,它的一生是奉献的一生。如前所述,竹在饮食文化、制造文化、居室文化、交通文化、传播文化等方面对人们的物质生活产生了深远影响。竹笋可以做成美味佳肴;竹子可以做成凉席、家具、地板、筷子、工艺品、扫帚等;竹沫、竹头等可用在灶底燃烧,发挥光和热。有副对联道:"竹头虽微餐餐灶底饮肴馔,器皿虽小户户厨中要斗筲。"竹子与人类结下了不解之缘,为人类奉献了自己的全部,可谓"出世予人惠,捐躯亦自豪"。

二、坚贞不屈,高风亮节

竹子"弯而不折,折而不断",从不屈服于雪压霜打与狂风暴雨,只要"一朝红日起,依旧与天齐"。它的这些特征使不少文人墨客展开联想,赋予其坚贞不屈的符号内涵。"咬定青山不放松,立根原在破岩中。千磨万击还坚劲,任尔东西南北风""玉可碎而不可改其白,竹可焚而不可毁其节",这些赞颂竹子的诗词,鞭辟入里地描绘了竹子高风亮节的品格。

竹子"生而有节",节节挺拔,四时常绿,虽入隆冬而不凋零,古人由此而深受启迪。早在先秦时期《礼记·礼器》就赋予其正直耿介、坚守气节的意义,后经白居易、元稹、张九龄、郑板桥等人的反复阐释,"气节""节操""贞节""高风亮节"一类带"节"字的词汇成为褒扬高尚的德行和人格的常用

---

① 张春林:《苏轼全集(下)》,中国文史出版社,1999年,第1513页。

词汇。竹亦成为高风亮节的象征，有诗为证："清切紫庭垂，葳蕤防露枝。色无玄月变，声有惠风吹。高节人相重，虚心世所知。凤凰佳可食，一去一来仪。""多节本怀端直性，露青犹有岁寒心。"

三、脚踏实地，虚怀若谷

俗话说："根深才能叶茂。"仔细观察就会发现，竹子总是能在荒山野岭或破岩中顽强生存，这与其"脚踏实地"的生活息息相关。正是这份"脚踏实地"，无论风沙还是雨雪，无论干旱还是洪水，它都能坚强面对。文人墨客常常借竹子的虚心、高洁、谦逊等美德喻人，历代诗人咏竹的虚心品性佳句选出："高节人相重，虚心世所知""虚心抱节山之阿，清风白月聊婆娑""但愿虚心同晚节，年年此日报平安"。这些诗句都高度赞美了竹的虚心节坚之品性。

"修身、齐家、治国、平天下"为中国士大夫文人追求的最高理想，要实现之，就必须"修身"。竹虚心自持的品格一直受到了中国人的礼赞，被视为中华民族的美德。

四、志存高远，奋发向上

竹细瘦修长、直上云天，引人联想起中华图腾"龙"昂扬飞腾，凌云之志，发奋图强，积极向上。

"龙钟负烟雪，自有凌云心""竹生空野外，梢云耸百寻""暮春者，春雷隐隐，万笋奋角。如犀角作；箨解而出碧，一日百尺，弥望不可以极""乱石田中寄孤本，亭亭不住凌虚引""袅袅孤生竹，独立山中雪""孤生崖谷间，有此凌云气""春雷一夜打新篁，解箨抽梢万尺长"等名言佳句，充分展现了竹奋发向上、直达云天、志存高远的强劲气势。

五、淡泊名利，知足常乐

白居易在《养竹记》中认为，竹子就好像贤达人士，信念坚定、根基稳固、不改初心、蓬勃向上、正直无私，不管风吹雨打都始终如一。正因为竹子具备如此品质，所以受到君子的喜爱，故君子喜欢养竹、赏竹、咏竹。

竹子在骄阳下用自己茂密的身影撑起大片阴凉，供人躲避烈日，清风徐来，竹叶发出淡淡清音，生机盎然，随风摇曳。清代诗人郑燮这样赞美道：

"一节复一节,千枝攒万叶。我自不开花,免撩蜂与蝶。"而"莫嫌雪压低头,红日归时,即冲霄汉;莫道土埋节短,青尖露后,立刺苍穹"这副对联则道出了竹子知足常乐与豁达开朗的博大胸怀。

第三节 宜宾竹产业发展现状及发展规划

据史料记载,在原始时期竹林就分布在中国各地,从祁连山到台湾岛,从黄河流域到海南岛。中华文明发源于大江大河,主要是在黄河流域地区和长江流域地区,而这两个地区正好是竹子分布的重要区域。

四川宜宾作为长江首城,境内有大大小小的江河溪流600多条,为竹子的生长提供了天然的水土条件,因而成为中国著名的竹子之乡。

竹子在宜宾的种植、使用以及食用历史悠久,对竹文化的研究起步较早,竹产业发展起步也较早。

一、竹资源现状

宜宾现有竹子种类39属485种(其中原生竹13属58种),最常见的有楠竹、慈竹、水竹、苦竹等,后又引进了甜竹、龙竹、粉单竹、麻竹、杂交竹、巨竹等优良品种,是四川省境内竹资源以及竹品种最为丰富的地区。统计数据显示,宜宾境内竹林生长面积达18万公顷。其中,慈竹的面积为4.2万公顷,约占宜宾竹林总面积的23.3%;硬头黄竹子的面积为3.6万公顷,约占宜宾竹林总面积的20.0%;毛竹的面积为2.4万公顷,约占总面积的13.3%;绿竹的面积为2.3万公顷,约占总面积的12.8%;绵竹的面积为0.7万公顷,约占总面积的3.9%;麻竹的面积为0.36万公顷,约占总面积的2.0%;西风竹的面积为0.26万公顷,约占总面积的1.4%;方竹的面积为0.17万公顷,约占总面积的0.9%。

二、竹产业发展现状

竹资源是宜宾的优势资源。截至2020年底,全市竹林面积354万亩,竹产业综合产值248亿元,居四川省第一,带动全市竹农人均从竹产业中获得收入1750元。

(一)产业基地建设成效显著

宜宾现已成为四川省最大的生态竹林基地。其中,长宁县竹林基地面积72.19万亩;兴文县方竹林基地面积10万亩、楠竹林基地面积7.6万亩、杂竹林基地面积6.8万亩;江安县发展林竹产业基地面积7.57万亩,在全县重点打造了10个百亩以上集中规模成片示范点;南溪区共种植麻竹12000亩,实现年产值200万元,其中长兴镇麻竹基地10000亩,占全区麻竹种植面积的83%;高县的月江森林经营所国家良种竹繁育基地500亩,全县年产良种竹100万株以上,良种竹率达90%以上。

(二)竹加工初具规模

宜宾竹编工艺品、竹雕工艺品、竹刻工艺品、竹簧工艺品等传统竹产业起步较早,但由于产量小,产品附加值不高,主要作为旅游产品销售,产值不高。随着科学技术的发展,竹产业已经延伸到造纸行业、建筑行业、轻纺行业、食品行业、家具行业、包装行业等。截至2020年底,宜宾有竹加工规模以上企业40家、亿元企业2家、省级龙头企业10家,形成了竹浆造纸、竹浆粕、竹纤维、竹笋加工、竹饮料、竹人造板、竹家具、竹工艺品等门类的竹加工体系。

(三)竹生态旅游前景较好

宜宾之所以成为竹子生长的天堂,是因为在宜宾境内有大大小小的溪河600多条,江河溪流经过之处,空气较为湿润,水分较为充足。例如,全长110多公里的长宁河流经兴文县、江安县、长宁县,两岸绿竹遮天蔽日,风景如画,是蜀南竹海的核心景区。两岸竹子又分别向纵深发展,形成绵延数百平方公里的竹海,不仅起到了保持水土的作用,构建了绿色生态屏障,而且为相关地区带来了巨大的经济效益。

长江流域山水俱美,旅游资源得天独厚。宜宾拥有长宁蜀南竹海、梅硐竹石林、屏山龙华、叙州区越溪河、兴文僰王山、江安仁和百竹海等竹林景区景点,森林覆盖率达55.4%,负氧离子含量最高达到5.6万个/立方厘米。

三、竹产业发展规划

2018年,宜宾市委、市政府深入贯彻落实习近平总书记来川视察重要讲话精神:"因地制宜发展竹产业,让竹林成为四川美丽乡村的一道风景线",按照省委、省政府部署,制定了加快宜宾竹产业发展规划。①

(一)认识发展竹产业的重大意义

2018年2月,习近平总书记来川视察时对竹产业发展提出了明确要求。宜宾市委、市政府深入践行习近平总书记"绿水青山就是金山银山""长江经济带共抓大保护、不搞大开发"等重要指示,紧扣省委、省政府决策部署,围绕市委"565"总体谋划,以供给侧结构性改革为主线,绿色发展为取向,市场需求为导向,全产业链发展为目标。以增强核心竞争力为重点,进一步优化布局、调整结构、完善政策、创新机制,加快构建新型竹业生产、经营和服务体系,让竹产业成为宜宾实施乡村振兴战略、推动脱贫攻坚、决胜全面小康、开启现代化建设新征程的富民产业、强市产业、绿色产业,把宜宾建设成为长江上游绿色生态示范市。

(二)强化规划引领,优化结构布局

宜宾市委、市政府制定出台《宜宾市竹产业发展规划(2018—2025年)》,明确全市竹产业发展的指导思想、重点任务、保障措施。立足资源条件,重点推动长宁县蜀南竹海、江安县仁和百竹海、兴文县僰王山、屏山县龙华四大竹资源片区规模发展。优化产业布局,翠屏区重点发展高品质竹产品;南溪区重点发展竹浆纸、竹日用品;长宁县重点发展生态旅游、竹康养、竹文化、竹博览、竹工艺、竹科技、竹食品加工等;江安县重点发展竹浆粕、竹纤维、竹建材、竹工艺品加工等;兴文县重点发展竹生态旅游、竹食品加工、竹饮料、竹建材、竹康养等;其他区县重点发展竹基地,提供竹产品生产原料,扩大规模,助农增收。形成区域协调互补,错位发展新格局,将宜宾建成生态美丽、产业发达、旅游兴旺、文化浓郁、竹农富裕的"中国竹都"。②

(三)加强竹生态资源保护培育,建设美丽乡村风景线

以生态建设为主,在保护现有生态资源基础上,因地制宜,发展笋用竹林、用材竹林和景观竹林,筑牢长江上游绿色生态屏障,实施美丽乡村植竹造

---

① 资料来源:宜宾市委、市政府关于贯彻习近平总书记来川视察重要讲话精神加快发展竹产业的意见,有改动。
② 张永龙:《宜宾奋力打造"中华竹都 最美竹海"》,《四川日报》,2019年6月13日。

林行动，在房前院后、公路沿线、江河沿线、库区周围、弃用耕地、宜林荒山荒坡、石漠化区域、矿山堆料场、新建基础设施边坡等开展大规模植竹造林。到2020年，新增竹林面积40万亩以上。实施美丽城镇竹林景观打造行动，统一规划设计，重点利用城镇道路、公园、小区楼院、聚居庭院等开展植竹美化亮化行动。到2020年新培育观赏竹林面积1万亩以上，实施宜（宾）长（宁）兴（文）百里翠竹风景线示范行动。依托宜宾—长宁—兴文乡村振兴示范区建设，打造百里竹生态示范区。到2020年，竹产业重点发展区县沿途新增竹林面积10万亩以上。实施竹林低产改造和丰产培育行动，大力发展高产高效竹林，优化竹林结构。到2020年，更新改造低产竹林10万亩以上，丰产培育竹林50万亩以上。①

（四）打造蜀南竹海国际生态旅游品牌，带动全域竹生态旅游发展

围绕将蜀南竹海建设为世界竹文化生态旅游目的地的目标，对照5A级旅游景区创建标准，全面提升蜀南竹海知名度、美誉度，完善景区功能配套，加快智慧景区建设，全方位提升林间公路观光步道、观景露台等重点基础设施水平，全方位提升游客集散中心的数量和质量，重点提升竹主题酒店、竹商贸购物中心等重点部位的功能配套水平。丰富景区旅游产品，坚持国际一流标准，重塑蜀南竹海景区核心景点，开发打造新景点，进一步丰富体验游、康养游、休闲游、民宿游、探险游。加强景区文化挖掘，规划建设竹海大熊猫园，将蜀南竹海博物馆升级建设为世界竹文化博物馆，蜀南竹海四季竹园升级建设为世界竹子博览园。创新景区经营模式，引进国内外一流企业参与景区开发建设，全力推动蜀南竹海创建国家5A级景区，大力发展全域旅游，充分结合宜宾丰富的江河、湖泊、溶洞、瀑布等天然优势，高标准、高起点编制竹旅游全域规划，高规格打造兴文、长宁、江安大竹海旅游环线。在蜀南竹海、僰王山等竹资源丰富地区规划建设10个竹生态、竹康养、竹文化、竹旅游、竹民宿特色镇和100个特色村，建设一批独具竹韵的美丽乡村，支持县、乡镇举办以竹为主题的乡村旅游文化节。

（五）加快建成国际竹文化中心

积极争取国际竹藤组织的支持，承办中国竹文化节。在临港开发区高起点规划建设竹生态文化主题公园、中国竹工艺博物馆和大师工作室。在江安县规

---

① 张永龙：《宜宾奋力打造"中华竹都 最美竹海"》，《四川日报》，2019年6月13日。

划建设长江竹岛生态博览园,高品位设计具有独特辨识度的"宜宾竹"形象。加快将蜀南竹海和李庄古镇建设成为具有国际影响力的影视拍摄和文化创作基地,坚持市场化运作,组建专业文艺展演团队,创编一批竹文化精品演艺剧目。形成专业化和群众性相结合的文化演艺体系,加强与中国文联、中国工艺美术协会等组织的合作,大力传承和发展竹雕、竹簧、竹编等非物质文化遗产,每年举办一次中国国际竹文化工艺品创作大赛和以竹为主题的书法绘画作品大赛,推动竹编、竹雕等竹工艺品与宜宾酒、宜宾茶深度融合,建设竹工艺品特色街区。

(六)大力发展竹产业集群,推动竹产品精深加工

坚持因地制宜,突出特色,紧扣发展竹纸浆、竹浆箔、竹型材、竹材板、竹家具、竹日用品、竹食品、竹饮料等产业形态。大力引进龙头企业,力争三年引进规模以上竹类加工龙头企业30户以上,其中江安县10户、兴文县10户、长林县5户、翠屏区5户,大力实施龙头企业培育工程,支持现有市内竹产业企业股改,推动专精特新小微企业发展壮大。到2020年,培育规模以上企业20家以上,加强科技创新,结合长江国际生态创新科教城建设,与国际竹藤中心、中国林科院等国内外知名高校和科研院所开展战略合作。组建宜宾竹产业发展科研团队,与西华大学、宜宾学院等大学共建竹产业学院,构建产学研协同创新体系,切实提高竹制品的精深加工水平,推动科技成果转化。

(七)深化开放合作,拓展产品市场

加强与国际竹藤组织、竹产业发达地区和国家、中国竹业品牌联盟等知名商会协会的联系,向国内重点竹产品生产集聚区派驻招商小分队,大力引进竹类第一、第二、第三产业龙头企业,支持企业主动融入"一带一路"建设和长江经济带发展,积极参与国内外竹产品交易博览会,举办产品展览推介和营销活动,提升宜宾竹产品影响力。依托宜宾国际会展中心,建设全国规模最大、产品最全的国际竹商品交易中心。每年举办国际竹产品进出口交易会,建立健全宜宾竹产品电商平台,促进实体市场和网上市场有机结合,拓展产品销售渠道,让宜宾竹产品走进千家万户。

(八)加强政策扶持,营造良好环境

积极争取国家和省上对宜宾市竹产业发展项目资金,争取国家开发银行、

农业发展银行等政策性金融支持,把竹产业发展纳入宜宾文旅集团宜宾乡村振兴基金重点支持范畴。2018—2020 年,市财政每年安排 1 亿元用于发展竹产业。出台《宜宾市加快发展竹产业的奖励扶持补助优惠细则》,加大税费减免、就业扶持、奖励补助力度。① 出台《宜宾市加快竹产业发展生产要素保障实施方案》,优化土地供给结构,加强对竹类风景名胜区国土资源保护和合理开发利用,进一步加强竹产业发展用水、用电、用气、道路、通信等基本生产要素保障,加快宜叙高速竹海互通、G547 改造工程等项目建设,加快规划建设竹产业重点区联户路、产业路、运输路,降低发展成本,助农增收。

(九)加快竹文化竹产业人才队伍建设

将竹文化竹产业人才培养纳入全市人才培养规划制定,实施竹文化竹产业人才队伍建设行动计划,大力引进一批熟悉竹产业生产和经营管理,具有国际视野和战略思维的高端竹文化竹产业队伍,大力引进一批国家级工艺大师、非物质文件遗产传承人、工艺美术大师、著名影视家、摄影家、书画家等来宜宾建立工作室和基地,宜宾学院、宜宾职业技术学院和在宜高校要针对竹文化竹产业人才需求调整优化相关专业学科,设置竹文化竹产业相关课程群,构建校企合作人才培养模式,大力培养竹文化研究队伍、竹产业职业经理人、竹产业技术人员、工艺匠人和产业工人,切实提升竹产业吸纳就业的能力。

第四节　江安竹工艺

一、江安竹工艺概况

(一)江安竹工艺发展历史

宜宾市江安县盛产竹类并以"竹制品之乡"闻名遐迩。很早以前,江安人就用竹材修建房屋,制作生产生活用具。早在北宋时期,江安人民就开始利用楠竹编织箩筐、背篼、椅子、蒸笼等日常生活用品。② 20 世纪 80 年代,曹家

---

① 张永龙:《宜宾奋力打造"中华竹都　最美竹海"》,《四川日报》,2019 年 6 月 13 日。
② 王志艳:《巴蜀文明——走进四川文明》,黑龙江人民出版社,2006 年,第 98 页。

树等人在第二次文物普查时有了重要发现，位于江安县留耕镇的观音庵发现明朝正德年间（1506—1512年）的石刻"竹公神像"，进一步证实了500多年前的江安已经具备了成熟的竹工艺，且具有一定的规模。清朝康乾时期，朝廷造办处艺人发明了竹簧雕刻，即用竹的内皮雕成各种图案纹饰，然后贴于器物之上，如旧时常见的首饰盒、多宝架、笔筒、扇柄、手枕等，故又称为"贴簧"或"翻簧"，竹簧色泽光润，历久弥新，谓之"竹象牙"。纪晓岚有诗为证："凭君熨贴平，展出分明看。本自汗青材，裁为几上器。周旋翰墨间，犹得近文字。"

传闻清朝同治年间（1862—1875年），竹筷作坊已形成竹筷雕刻工艺。据《江安县志》记载：清光绪十五年（1889年），当时的知县沈秉坤重视教育，发展技术，安顿民生。当地的竹艺技术引起他的注意，他发现江安县虽然流行竹艺，却没有竹簧制品，于是从湖南引进竹簧制品，让艺人蒋云斌、许昆山进行试制，取得一定成功，进而推行，形成一大流派。这是江安竹工艺以专业技艺从竹业中独立的开始。当时制作纸媒筒、书画屏风、朝珠盒、首饰盒等投放市场，深受欢迎。江安竹簧工艺品的成功进一步刺激了竹工艺的繁荣。

1915年，艺人王绍清创作竹编挂屏、围屏；1917年，艺人邹云森将木雕工艺运用到竹雕上，创作了浮雕笔筒；1919年，艺人周少卿首创竹簧堆雕（多层浮雕）。到了清末民初之际，竹筷雕刻工艺已日趋成熟，艺人采用圆雕的手法将寿星、财神、金瓜、仕女、狮子、麻姑献寿等雕刻在筷头上，造型生动形象，手法娴熟，备受人们欢迎。竹业作坊玉竹工厂、志和工厂又成功在竹筷上烙印出"西湖三月景，南海一枝春"字样，售价为一般竹筷的10倍，仍供不应求。

江安竹簧工艺凭借其质朴、精美与粗犷的特色，1915年在巴拿马万国博览会上荣获金奖（"竹簧花篮"由江安艺人蔡金山制作），2007年被批准为"第一批国家级非物质文化遗产保护名录"扩展项目。江安竹簧艺术品种类繁多，主要由竹簧、竹筒、竹筷、竹根雕、竹装修、竹编等七大类组成，有上千个工艺产品类型。目前江安已形成了一批以何华一为代表的竹工艺大师。

（二）江安竹工艺发展现状

竹工艺作为江安四大文化品牌的代表之一，很早就开始流传，至今在江安已形成了一定的规模。

1. 以竹工艺为特色的陈列馆

江安县城的宜宾市竹木艺术品陈列馆，总面积1200平方米，分上、下两层。楼下主要展示中国竹工艺大师何华一及宜宾本地竹工艺大师的竹雕工艺品；楼上主要是为传承江安的竹工艺开设的传习区、工作室、大师讲坛等，由专业的工艺师傅指导学员学习雕刻技术，传授竹工艺这一非物质文化遗产。

2. 竹工艺有限公司

2004年，何素梅成立的江安何氏竹工艺有限公司是四川省第一批非物质文化遗产传习基地，也是宜宾市唯一的省级非物质文化遗产传习基地。该基地总面积1000平方米，设立了大师精品区、竹木工艺技术传承馆、全国各地竹木艺术精品区、现场创作展示区、非物质文化遗产技艺传承传习区、大师工作室、大师讲堂等。

何素梅还在江安县建成了竹木艺术品陈列馆和一家以"竹艺轩"为名的古色古香的店铺，主要生产销售竹制旅游工艺纪念品，如竹雕藏品、竹装饰品、竹家具、竹根雕、文房系列用具、茶具、竹筷、手工雕刻竹简等。

3. 获奖情况

20世纪50年代至今，江安竹簧工艺在各大展览会上多次获奖，获得国家级、省部级奖项40多个，年产量10万件（箱），年产值500万元人民币左右，产品销售逐步走向世界，远销欧美及亚洲各国。2008年，在中国工艺美术大师精品展会上，以"停车坐爱枫林晚"为题的竹工艺精品获得金奖。2010年，江安竹工艺品在上海世界博览会上展出。2013年，宜宾举办了西南轻工博览会，江安竹工艺品备受瞩目。2015年6月，中国竹工艺大师何华一创作的竹雕《长江颂》荣获2015中国工艺美术"百花奖"金奖。

二、江安竹工艺发展条件

（一）地理条件

江安县地处四川西南部，当地独特的亚热带湿润性季风气候和山地丘陵地形，加上紫色土壤和黄土壤，为竹子的茂盛生长提供了得天独厚的自然条件。长江、淯江两江流域，为竹类的生长提供了充足的水土条件。该地区竹类资源十分丰富。江安县境内有竹林面积40余万亩，13个竹类40个品种，是著名的产竹之乡，所产的楠竹纹路精密，竹青如绸。江安百竹海地处仁和乡，这里竹资源丰富，竹子品种较为齐全，"百竹海"因此而得名。

（二）社会条件

宜宾已建成宜泸高速、江长高速，长江水道畅通无阻，水陆交通便利。随着经济的发展，人民的生活水平不断提高，江安县瞄准竹生活用品，主攻竹家具、竹装修、竹编工艺制品，规划建设集竹工艺展示、销售于一体的"竹文化一条街"。同时，也给宜宾本地造纸企业提供杂竹。

（三）政策支持

竹产业已成为繁荣江安经济、增加农民收入的支柱性产业，符合国家和四川省加快发展竹产业的规划。宜宾市委、市政府高度重视江安竹工艺发展，市委领导多次到江安调研，为江安竹工艺文化发展指明了方向。在市政府的大力支持下，江安县大力发展竹产业，形成了竹产业链。江安县荣获"竹簧之乡"荣誉称号。

（四）人才支撑

竹产业人才是竹文化得以发展的重要支撑，政府部门大力给予政策扶持，为竹工艺工作者搭建平台，创造机会。先后有多名竹工艺工作者被评定为艺术大师，如评定何华一为"竹工艺大师"，评定周明伦、何素梅、钟国富等七人为"省级工艺美术大师"。这些工艺大师保证了江安竹簧工艺的传承，进一步推动了竹簧工艺的发展。

此外，江安县先后邀请宜宾市林业科学研究院、青神县云华竹旅有限公司的竹编专家到江安县开展竹编工艺培训，在江安县职业技术学校开设竹工艺班，建立竹工艺人才培训基地。

目前，按照竹产品的工艺使用属性，江安竹簧工艺被分别划为四大风格流派：

（1）致和派。致和派始于清代刘子卿创建的致和工厂，师承竹簧创始人许昆山、蒋云成，其后由蔡金山、李国才、邹云生、顾聚铭、邹海云、邹海山等继承与发扬，以竹簧、竹雕为主要阵地，其中顾聚铭因发明了烟熏皮雕法被称为第三代传人。

（2）玉竹派。该派以首创堆雕之法的周少清为主，后由在玉竹工厂首创印花竹筷的周德民主持。后来的竹簧工艺由周明伦、周明红继续发扬。

（3）王氏派。始于清代王绍清，擅长使用"明筋镶嵌"方法，在造型雕刻上颇有造诣，在屏风、花瓶及文房用品之中使用甚多，独具特色。

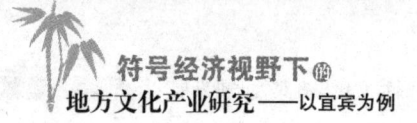

(4) 综合派。始于现代赖银章，主要模式为小作坊。该派人物各有所长，都独立门户。代表人物以赖银章为首，"人物战场"是其一绝，其制作的"龙凤狮子筷"深受赞赏，传为佳话。首创楠竹综合利用的何华一也是该派传人之一。

三、江安竹工艺保护与开发问题及对策

（一）竹雕传承人数急剧减少，竹工艺人才奇缺

目前，江安竹雕技艺的传承人很少。一方面，随着城市经济的飞速发展，大量人员外出，几乎没有人愿意留下来专心学技艺；另一方面，传统文化保护与传承意识薄弱，几乎没有人意识到技艺是一种独特的传统文化，需要传承才能源远流长。据一位老者说，学这些技艺不能养活一大家子人，大家更愿意外出挣钱。这就使竹雕技艺传承面临后继乏人的局面。

对策：政府与高校联合培养、培训竹产业人才；市委强调要采取超常举措，把宜宾变成驰名中外的世界大竹海和美丽竹都，各县政府需要通过传帮带方式培养人才；打造竹产业链，让农民无须外出通过竹产业就能增收致富。

（二）资金匮乏，基础薄弱

资金不足对江安竹工艺开发与保护造成很大影响：一是对技艺传承者缺乏保护；二是相关职能部门的运作没有资金保证，直接削弱了传承者保护非物质文件遗产的动力。

对策：通过政府的支持和引导，加大对民间工艺的投入，推动竹工艺传承工作。

（三）内容陈旧，缺乏创新

江安竹工艺要想大力发展，还需不断创新。现在江安竹工艺品以小件竹制旅游纪念品、装饰品、雕刻竹简品为主，挖掘的内容不够丰富，缺乏创意。如果能够开发具有创意的工艺品，不仅可以吸引眼球，提高回头率，久而久之还将增强江安县城的吸引力，提升这个城市的价值。

对策：借助宜宾乃至中国文化符号，借助源远流长的江安竹簧工艺，借力高校师生创意，不断丰富创新工艺品的内容与形式，在文旅融合的背景下，让江安竹工艺产品焕发生机。

（四）缺乏传播，知名度不足

江安县地处川南，竹工艺宣传力度不够，传播影响力有限，未能有效地培养其消费者队伍及消费习惯。展览会上，参展工艺品体量较小，如竹筷、竹雕笔筒、竹雕花瓶及竹雕人物头像等，难以引起广大游客的注意。

对策：抓住竹雕市场定位，增强竹雕艺术品竞争力；传统竹雕在内容与形式方面都需要在传承的基础上进行创新，才能吸引大众消费者；学习国内先进经验；发挥本地高校师生作用，从美术、音乐、文学、影视、舞蹈等方面着手，从创新传播内容与形式上着手；引入资本，打造江安竹工艺新形象。

（五）竹工艺保护与开发不够

《中华人民共和国非物质文化遗产法》对非物质文化遗产的概念进行了界定，但是很大一部分人不明确什么是非物质文化遗产。正如竹雕这类传统手工艺，人们根本没有想到其深刻的内涵，也就无从提及保护的观念了。所以，对竹雕的保护意识还需要政府的大力支持和指导，才能深入人心。

四、符号经济视野下江安竹工艺的特征

符号经济，即非物质经济，是物品作为符号的价值超过其本身的物质性使用价值，表面看起来是普通的商品消费，但其真正的价值是对意义、过程的消费，这种消费是一种文化意义上的消费，是一种依赖精神价值认同的消费。在此背景下，对江安竹工艺特征的研究应从其符号性入手。

著名语言学家索绪尔提出符号的二分理论，把符号看成是能指和所指的结合。能指，即具有物质性质和物质形式的，承载符号内容的表达层面；所指，即符号所表示的是概念，是符号对使用者产生的心理表象，是符号使用者的心理活动。[①] 因此，可将江安竹工艺作为符号分析。它是一种艺术形式，拥有物质性和非物质性两方面内容，可将其物质性视为符号的能指，将其非物质性视为符号的所指。符号由能指和所指构成，缺一不可。同样，江安竹工艺也不能简单地被视为物质文化或是精神文化，它是物质性与非物质性的统一。

[①] 费尔迪南·德·索绪尔：《普通语言学教程》，高名凯译，商务印书馆，1980年，第100页。

(一) 物质性

物质性即竹工艺品呈现出来的物质形式，是精神的载体，具有实用性和审美性。江安竹工艺有上千个花色品种，美不胜收，其表现形态可分为七个大类：竹簧、竹雕、竹根雕、竹筷、竹装修、竹编、竹具等。

江安竹工艺品具有实用性，以文房用品最为多见，筒雕有笔筒、帽筒、花瓶三类，还有用于搁放手臂的臂搁、笔洗、印章等，以及杯、壶、盒、炉等日常用具。此外，还有一系列精致的竹家具，无不保留了中国传统的家具造型，典雅古朴，素净别致。

(二) 非物质性

江安竹工艺的非物质性表现在其是一种非物质文化遗产。2003年10月，《保护非物质文化遗产公约》在联合国教育、科学及文化组织（以下简称联合国教科文组织）得以通过。联合国教科文组织对文化遗产的物质性与非物质性进行了定义。在公约中文化遗产被分为五大类：第一类是口头传说；第二类是表演艺术；第三类是传统节庆、传统礼仪、传统习俗等活动；第四类是传统意义上的对于宇宙和自然界的认知方式；第五类是传统意义上的手工艺技术。联合国教科文组织认为，非物质性质的文化，是指那些没有或者不能用古代典籍载述，并且还不能够被规模化生产的深具各民族文化内涵的品种。这些品种有一定的物质载体，但是外显出来的物质已经不能说明这种工艺或者活动最为核心的要素，因为这些东西的核心元素是非物质的。

江安竹工艺属于传统手工艺，非物质性是其根本属性和价值所在。作为一种非物质文化，江安竹工艺内涵的核心不是被手工制作出来的精美竹工艺品，而是制作主体（竹工艺手工匠人）在制作过程中运用的各种方法，赋予竹工艺以特殊的内蕴，尤其是每个制作主体所独具的特色，包含着工匠个人的信仰特征、审美特征、技艺特征作为其传承特点，还有以制作完成的这件竹工艺品为主题呈现出来的文化空间。

(三) 活态传承性

20世纪80年代，在江安县留耕镇三块碑观音庵发现的石刻"竹公神像"证明，江安竹工艺在500多年前就已发展成熟且形成了一定规模，传承至今，体现了江安竹工艺经久不衰的传承性。

作为非物质文化遗产，竹工艺呈现出"活态"，是一种活态文化。它以口头传授为特征，是一种社会风俗，是一种特别的礼仪活动、特别的表演艺术、传统的节庆活动、传统的工艺技能等。其内涵的文化特征需要以具体某个人或者某群人的独特活动才能表现出来。经过选材、构思、绘画、雕刻、精修等过程，所呈现出来的不仅是竹工艺成品，还有江安竹工艺人在完成过程中表现出的精湛技艺。

（四）艺术独创性

非物质文化遗产具有独特性和不可再生性。它们所体现出来的思想、价值观也都具有其独特性。江安县的竹雕工艺比之其他地方的竹雕工艺，其艺术水平遥遥领先，竹表面雕刻技巧中的刮砂技术更是独一无二。

此外，江安竹工艺的制作流程也体现了其艺术独创性。首先，在选材方面，要选择年代不长也不太短的竹根，最好是生长2~4年的竹子，这个时期的竹子纹理结构细密，老嫩适中；其次，将选好的竹子进行打磨，使其更为平整、光滑，为下一个流程做好准备；再次，大师对内容进行构思；最后，检查、精修。通过这些流程，一个完整的竹雕就呈现在人们的面前。

江安竹工艺在选材及后续创作过程中讲求就形取势，师法自然，这又传达出了中国传统的哲学思想。工匠充分利用竹子自身的特点，在不改变其自然生长的颜色与形态的基础上，截取可用部分，利用工艺技术进行创作。创作过程分为构思阶段、绘图表达阶段、手工制作阶段，但即使雕刻手法相近，也会因其材料的不同而独具特色。在最具艺术特点的竹根雕艺术方面，既将竹根变废为宝，又丰富了竹艺术产品的类型。竹根各具特色，各具形态，正因为如此，它的艺术内涵才得以充分发挥，比如竹根的弯曲度、根节的疏密度、竹根的形状、竹根的凹凸度、竹根的奇特度等形态都可以在工匠手中得到充分利用，这些特点都会成为根雕的创作源泉。这一系列从选材到创作的过程，颇有道家讲求自然无为、自然和谐的意味。

总之，江安竹工艺作为一种非物质文化遗产，它不仅是一种文化财富，更是宝贵的现实财富。如何将这种非物质文化遗产技艺转化为产品以达到文化创新和商业开发的双重意义，关键在于提炼其中所蕴含的文化要素。江安竹工艺体现的非物质文化意义是浓缩了川南地域乃至整个中华民族文化精髓的抽象体现，是经过历史洗练之后沉淀下来的精神精华，是竹文化内涵的重要载体。因此，开发江安竹工艺的符号价值与文化功能，将会促使越来越多的意义被带入符号经济领域，而江安竹工艺的文化价值与经济价值都将得到提升。

五、江安竹工艺的符号传达

竹文化是中国传统文化的重要组成部分,在漫长的历史岁月中,它已渗透于中国艺术、文学、哲学、宗教等各个领域。江安竹工艺以特殊的表现形式立足于中国传统丰富的竹文化样态之中,是中国传统文化的优秀表现方式之一,承载了丰富而深刻的民族文化的精髓,从而跻身于民族文化宝库。

(一)动物意象

江安竹工艺中融入了中国传统文化中带有吉祥寓意的动物形象,最常见的是龙、凤、狮,形成了别致的文化符号,体现了神话思维向审美思维的转化,同时又保留了中国传统神话思维。

带有崇拜性质的动物图腾往往伴有与之相关的神话与传说,中国流传最广的是"龙图腾""凤图腾"传说。龙是发源于上古时期的一种虚拟生物,其实是蛇的神化,对蛇的崇拜蕴含着祖先对宇宙间某种神灵的崇拜,这便是龙图腾的由来。龙是祥瑞之兆,是神圣的象征,龙的气派也成为中华民族精神气质的象征,华夏子孙以"龙的传人"自称。凤凰也并不是现实中存在的动物,而是在原始神话中出现的一种以图腾方式存在的善神形象。在华夏文化发展中,龙凤被赋予了中国人美好的祈愿,认为它们能保佑人类,给人类带来吉祥幸福,昭示兴旺发达。1957年,赖银章(江安竹工艺人)首创龙凤筷,其由一龙一凤构成,龙筷上之龙呼之欲出,凤筷上之凤惟妙惟肖。中央特意派人到江安订制了50双龙凤竹筷,将其作为国家礼品赠送给前来参加国庆十周年庆典的外国贵宾。江安竹工艺中的竹筷工艺经典至极,它以节长壁厚之楠竹为原料,经煮沸、制坯、露晒、打磨。雕刻竹筷的工艺分多种,主要有镂空雕类、透雕类、圆雕类、浮雕类等,而往往每一双竹筷都各具特色,同时运用多种雕刻法,有时一只竹筷上的动物要雕上数百刀才能完成,做工之细,技艺之精,令人叹为观止。除此之外,江安竹筒雕也经常运用龙凤图案。竹筒雕有帽筒、笔筒和花瓶三种高档文房用品,普通者一般用楠竹雕刻,特殊者以凹竹、龟面竹(人面竹)雕刻而成。龙凤呈现于竹筒之上,姿态、神态精准到位,立体绝妙。

中国狮文化的引进得益于西域文化的东移和佛教文化在中国的传播,它继承了佛教文化的优秀内涵,文殊菩萨的坐骑就是一头神狮。江安竹刻代表作品狮头竹筷,有单狮、双狮、子母狮等数十个品种,在展现狮的王者风范、威武气概和灵兽形象之余,更是融入了华夏文化中人与自然和谐的理念,描绘了大狮、幼狮、母狮和睦聚居的家族群体，尊崇狮子的家族化生活。

江安竹工艺将以龙、凤、狮为代表的文化符号融入工艺设计中，不仅塑造了竹工艺品的精致形式，更显示了一种以竹为媒介，寓意吉祥的文化符号。龙凤竹筷、狮头竹筷、龙凤竹筒雕，其"能指"是一件件精美的工艺品，其"所指"则蕴含了中国人对吉祥幸福的追求和对大自然的崇拜，这是江安竹工艺最重要的文化符号。龙凤呈祥、百兽狮王，经由竹子为原材料，使用各种技艺表达美好的祝愿与向往。

（二）植物意象

宋代林景熙在《王云梅舍记》中写道："即其居累土为山，种梅百本，与乔松、修篁为岁寒友。"这是历史上第一次出现"岁寒三友"的雅称。在中国传统文化里，松、竹经冬不凋，梅耐寒而开，故称"岁寒三友"。松、竹、梅的特别之处在于它们的内涵中具有文化再创造性，通过人工修饰雕琢可以源源不绝地从中提炼出传统文化符号。江安竹工艺常以"岁寒三友"为题材进行艺术创作。在传统文化概念中，松寓意坚强、好客、长青不老，梅寓意傲然、坚韧、冰清玉洁，竹寓意正直、高洁、虚心。竹雕结合松、竹、梅三者的特点，承载了中国传统文化赋予松、竹、梅的美好意蕴，是人类美好精神的象征。

（三）人物意象

江安竹工艺还创作了许多以古代神话传说为题材的大中型空雕、浮雕，著名的有《麻姑献寿》《哪吒闹海》等竹雕版画。麻姑、哪吒等神话人物神态毕现，丝毫不逊于笔墨点染的绘画。这是对古代神话传说的再创作和视觉表达，它吸取了传统民间文化的精髓，是对传统民间文化的传承与发扬，继承了民间艺术文化丰富的想象力和创造力，寄予了华夏民族自传说中流传的美好希冀。

（四）宗教意象

佛像是江安竹根雕中的热门素材。大小各异、姿态万千的竹根雕佛像装饰品深受收藏家喜爱。有因大孝和大愿的德业被广为弘传的地藏菩萨，有象征慈悲的观世音菩萨，有理德与行德化身的普贤菩萨，有代表聪明智慧的文殊菩萨，等等。经典佛像与竹工艺结合，竹雕已经不仅仅是人们用肉眼所见的具体工艺品，在其身上还体现了中华民族的传统历史故事或佛家、道家的经典人物或故事。佛家追求无欲无求、宁静致远的思想也由此渗透于江安竹工艺中，形成了佛像竹工艺刚柔相济、内外兼修的文化内涵。

在中国，佛像的背后代表着佛家宗教文化，江安竹工艺的佛像竹雕是中国传统宗教文化的重要符号。

（五）书画意境

意境，在中国文化中是重要的美学范畴，是中国古典美学的核心命题。意境是像与境、虚与实的集合体，是通过情景交融的艺术形象引发观赏者的想象，从而获得一定的艺术效果。江安竹工艺与中国传统书画完美结合，创作了众多以书画为题材的竹工艺品，这些工艺品都指向了中国传统的意境美。

"境"是通过竹工艺品的材质和形式等塑造出来的，这些因素也是竹工艺品营造意境所必须要考虑的因素。江安竹工艺人对原材料的选取十分慎重，原始的竹型和竹色决定了将用它做出什么样的工艺品，传达出什么样的境界。江安竹工艺在雕刻山水画时尤其体现出了意境感。它保留了中国传统绘画中"写意"的特点，雕刻线条的圆润浑厚之感增强了画面的立体感，使画面产生浑厚的意境，而雕刻的笔势坚硬正直，给观赏者以体积感和质量感，如若再刻画人物于其中，细致的刀工使人物尤为传神，既给观赏者以身临其境之感，又体现出其深邃的意境。小型工艺品大多采用传统工艺手法，大型竹雕版画更为别致，在传统技艺的基础上结合现代手法，如水波纹雕刻，能更好地突显意境，或恢宏，或轻灵。

意境的营造既与竹工艺人自身的艺术观念、人生阅历有密切关系，也与竹工艺人的工艺技巧和人格修养有直接联系。江安竹工艺人需要学习多年才能独立完成一个精美的竹工艺品，在多年的学习过程中，得到历练的不仅有师传技法，还有长期与竹、与艺术为伴而不断进步的艺术修养和竹文化理念，这样制作出来的竹工艺品才能让观赏者感受到超越时间与空间的意境，获得一种对美的高层次感受和领悟。有别于中国传统水墨画的写意形式，江安竹工艺以独特的雕刻手法代替绘画手法镌刻出山水名画，营造出其独一无二的意境之美，也寄托了由古至今墨客行写的内心情怀，成为江安竹工艺的一大艺术特点。

江安竹工艺的书法雕刻也是一绝，不仅在小型器物上雕刻书法，更有大型书法竹雕版画，有的与竹雕绘画结合，有的是纯粹的竹雕书法，以临摹书法家的名篇名作为多。竹简是中国古代最早的书籍形式，承载着传播华夏文明的历史重任。江安竹工艺中的竹雕书法，似竹简，在形态上具有形式上的古典美。因此，中国的书法不仅仅是符号的表征，更是艺术美的体现，是对民族美感的寄托方式之一。书法在中国传统文化里就是书写美感、反映生命的艺术，一纸墨语是书法家对美的自觉追求与对人生的无限感悟。江安竹工艺人在雕刻书法时，以刀代笔，以竹为载体，保留了书法家书写时的笔墨趣味和韵致，使竹刻汉字更具生命力，使行云流水的文章辞赋更具思想表达力与情感感染力，这不仅有赖于江安手工艺人高超的工艺技巧，也有赖于竹工艺人审美追求的自然流露。中国传统文化中书法的笔墨情致，成为江安竹雕工艺的一种重要符号。

一件精美的江安竹工艺品需要竹工艺人耗时几个月甚至几年才能制作完成，制作过程从选材、构思、绘图到雕刻、打磨，基本都无法使用机器。特别是绘图和雕刻，全依赖于手工制作，这不仅是因为机器无法做到人工那样细致，更是因为竹工艺品表达的符号性，即"所指"的文化精神与思想感情需要倾注手工艺人的智慧、情感、心血才能得以实现。江安竹工艺技法丰富多彩，五彩缤纷，有烟熏、压合、刻凿、分层粘贴、浮雕、拼接、圆雕、粘贴、皮雕、堆雕、镂空、镶嵌等多种复杂精湛的工艺技巧。

在制作过程中，竹工艺人极富创意的构思、炉火纯青的技法、高起的艺术表现力，使得最现实的竹器具被赋予了最崇高的意义，一件普通的竹制品上升成为一件具有浓厚竹文化内涵的竹艺术品。江安竹工艺所体现出的非物质文化内涵充分体现了中华民族的美学文化和传统文化，其取材于自然中最具灵气的竹，加以巧夺天工的技艺，人与自然达到了完美的和谐。这些极具文化精神的"所指"使竹工艺品不仅仅是一个单纯的能指形式，是我们品鉴玩赏的工具，更是可以同我们对话，同我们情思往还的艺术载体。

六、传承千年竹工艺，做强绿色竹产业

（一）传承人的保护与传承

遗产的保护和利用，关键在人，要解决现存的问题，使竹工艺的保护和开发协调发展，必须从遗产保护的主体入手。首先，要真正把传承人的保护作为整个保护工作的重点和中心来抓。政府应该制定和完善传承人保护机制，建立健全传承机制，建立非物质文化遗产代表传承基地、认定、培训、补贴制度。同时，向社会招收众多的学徒和工人，并通过创立公司与产业化运作来发展壮大。江安的何氏企业就是这样发展的，其中不少学徒已经成为技术骨干，并培养了一批传承人。这些公司在创造可观利润的同时，也为非物质文化遗产的传承发展培养了众多的后备人才，有效防止了竹雕技艺的失传。

（二）视觉文化与竹工艺的保护与开发

当今时代是一个视觉文化的时代。视觉媒介是最具社会影响力的舆论传播平台和公众娱乐媒介，它们承载着舆论引导、文明传承、大众娱乐的社会作用。① 因此，要发展竹工艺，提高对它的保护力度、增强它的吸引力，就不得不借助一些视觉媒介来传播。借助影视传媒、报纸、杂志等媒介，不仅可以提高竹雕的保护宣传力度，而且有利于竹雕的旅游开发，为经济的发展创造可观的条件。宜宾业界人士建议整合竹工艺品市场，通过网络、电视等媒体加大对本地竹工艺品的传播，开通网上交易平台，更好地传承发展竹工艺。

（三）保护与开发相结合，走可持续发展的道路

目前，江安旅游业迎来了一个前所未有的大发展机遇期，真正开始实现旅游资源向旅游产品转换。竹工艺作为旅游产品的部分之一，也应根据时代提供的机遇，努力发展自己。竹工艺作为一种绿色产业，满足了人们的旅游消费需求。由于竹产品多姿多彩并且深具传统文化内涵，因而深得消费者喜爱。实际上，消费者喜爱的是文化，是自己心目中的原型力量，江安竹文化产品就是唤醒消费者沉睡在心灵深处的集体无意识的载体。因此，对竹工艺特别是竹雕的开发可以走品牌化经营的道路，如果有了一个响亮的旅游品牌，竹工艺发展的可持续性和宣传诉求便获得了载体。

（四）多元提升江安竹工艺的符号价值

首先，依靠江安竹工艺自身的发展来提升符号价值，提高声誉。在现代文明的冲击下，年轻人大多不愿静下心来学习竹工艺，虽然不断有新的学徒愿意学习，但能坚持下来真正传承这门手艺的人少之又少，传承人数量减少，出现了青黄不接的状况。政府作为行政主体，扮演着重要角色，安排保护资金是政府在保护与开发非物质文化遗产时的重要职能之一。江安县政府虽然对竹工艺十分重视，但江安县的经济情况决定了对竹工艺资金投入不足，这直接影响了竹工艺传承人保护竹工艺的动力。现代竹工艺普遍存在的问题就是传统手工业模式限制了竹工艺的发展，创作形式缺乏创意血液的流动和当代艺术的嫁接。所以，依靠江安竹工艺自身的发展而提升价值是一个非常艰难而且漫长的

---

① 白慧颖：《知识经济与视觉文化视野下的非物质文化遗产保护与开发》，北京理工大学出版社，2012年，第111页。

过程。

其次,叠加符号意义。能指依然是江安竹工艺,所指则意蕴深长,是上文中已具体谈到的各类符号语义。在此基础上,再叠加以名人符号——山谷道人黄庭坚曾旅居江安县,在江安的寓所"偶住亭"写下了《琴操》和《此君轩》。此君轩为书斋名,黄庭坚酷爱竹,曾在此君轩书斋植下万竿翠竹。可将名人与江安竹工艺结合起来,作为一个叠加意义的方式。

再次,符号的能指和所指之间的关系是任意的,为了让"江安竹工艺"这个能指获得所指的一系列符号意义,使之成为一种约定俗成,扩大受众范围,需要依靠学者的学术支持和媒体宣传。江安县政府可以主办黄庭坚江安行迹考述研讨会,邀请学者前来,再配合媒体宣传,提升知名度;还可邀请民俗学者、艺术家前来参观江安竹工艺,从民俗学和艺术学专业角度挖掘其符号价值。此外,媒体宣传是打造符号、提升符号价值的重要手段,通过电视、网络、报纸、书刊等各种媒体,可以赋予原本看似普通的竹工艺品以被指示的意义。在物质资源丰富的今天,人们逐渐开始追求精神文明,江安竹工艺的文化符号恰好可以满足人们的这一需求,宣传时抓住受众这一心理感受和江安竹工艺这一重要所指,在使用媒体手段做宣传时,把所指作为主要宣传对象,将能指与所指相结合便构成了一个完整的意指系统。在传播的过程中,无形间就提升了符号价值,不仅可以使江安竹工艺从非物质文化遗产成功转变为非物质文化资本,打响知名度,获取经济效益,还可以使整个江安县的区域文化变得明晰,提升城市形象和城市价值,以竹工艺带动旅游产业的发展,达到开发的目的。开发有两个目的:其一是精神的,为了传承文明,继承传统;其二是经济的,为了扩大市场份额,增加收益。开发江安竹工艺的符号价值,不仅能使其非物质的文化精神得以保护、得以传播,而且通过物质消费能带动整个竹产业的发展,甚至是整个江安县的经济发展。

附:中国竹文化节

中国竹文化节是以弘扬竹文化、发展竹经济为宗旨的国家级、国际性盛会,一般由国际竹藤组织与当地省、市政府共同主办。中国竹文化节是中国目前规模最大、规格最高、业内影响最广的全球性竹文化产业盛会,自1997年开始,截至2021年,已经举办了十一届。第一届由浙江安吉县于1997年举办,第二届由湖南益阳市于1999年举办,第三届由四川宜宾市于2001年举办,第四届由湖北咸宁市于2003年举办,第五届由福建武夷山市于2006年举办，第六届由江西宜春市于 2011 年举办，第七届由江苏宜兴市于 2012 年举办，第八届由安徽黄山市于 2014 年举办，第九届由四川眉山市于 2016 年举办，第十届由湖南桃江县于 2018 年举办，第十一届由四川宜宾市于 2021 年举办。

提到中国竹文化节，不得不提的是世界性的国际组织——国际竹藤组织。该组织成立于 1997 年 11 月 6 日，由中国、加拿大、菲律宾、印度尼西亚、孟加拉国、缅甸、尼泊尔、秘鲁和坦桑尼亚九国共同发起成立，签署了《国际竹藤组织成立协定》，总部设在中国北京，是第一个总部落户中国的国际组织。[①] 截至 2021 年 7 月，已经有 48 个国家加入了该组织。该组织在生态保护、环境保护、国际扶贫、竹与藤的公平贸易方面能够起到全球性的作用。蜀南竹海要充分运用好这一资源，通过这个高级平台，借鉴各省市举办国际竹文化博览会的经验，营销好蜀南竹海，打造出蜀南竹海的整体文化旅游品牌。

第一届中国竹文化节[②]于 1997 年 9 月 8 日—10 日在浙江省安吉县举办，主题是"弘扬竹文化，开发竹产业，发展竹经济，让中国竹乡走向世界"。参加本届竹文化节的有日本、芬兰等国家，中国参展企业达 100 家之多。会议期间，安吉县推出了对外经济技术合作项目 68 项。这次经贸洽谈会共签订合资、合作项目 8 项，项目总投资 9163 万元人民币，贸易合同 8 项，贸易成交额 4798 万元人民币。会议期间，37 家单位展出竹工艺品、竹工业品、竹制日用品、工艺竹编、竹笋食品药品、竹工艺扇、庭院装饰品等七个大类 1000 余种竹产品。文化节期间有万余人参观了竹产品展。

本届竹文化节还组织了"1997 中国竹文化节指定产品和推荐产品"的申报工作，通过企业申报，主管局筛选，有关部门会同审查，竹文化节办公室审定，共确定了竹文化节指定产品 13 种、推荐产品 12 种。这项活动提高了指定产品的品牌含金量，为进一步拓展市场奠定了坚实的基础。

第二届中国竹文化节[③]于 1999 年 10 月 18—20 日在湖南省益阳市举办，由国家林业和草原局、湖南省人民政府、国际竹藤组织联合主办，益阳市人民政府承办。

本届竹文化节的主题是"弘扬竹文化，发展竹产业"。参会的有美国、德国、菲律宾等 20 多个国家及国内竹产业企业 120 多家，其中菲律宾、智利等

---

① 刘德标、祖月：《国际经贸组织条约惯例手册》，中国商务出版社，2005 年，第 47 页。
② 《2007 中国（安吉）竹文化节在安吉举行》，《浙江林业》，2007 年第 11 期，第 5 页。
③ 刘惠民：《林业理论与实践》，云南科学技术出版社，2007 年，第 651 页。

国的驻华大使、国际竹藤组织12个成员国理事、驻华商务参赞、竹产业集团前来参会参展。还有来自世界各地的20多名竹业专家以及中国30多位竹产业专家共同举办了国际竹林培育、竹加工和竹利用学术研讨会。

第三届中国竹文化节[①]于2001年10月在四川省宜宾市举办，由国家林业和草原局、四川省政府与国际竹藤组织联合主办，宜宾市政府承办。这是中国西部地区第一次举办中国竹文化节。本次竹文化节的主题是"开发竹产业、弘扬竹文化、发展竹经济"。国家相关部委领导、国际竹藤组织官员，以及来自全国竹产业区的代表约2300人参加了本届文化节。本届文化节重点探讨了竹资源培育、竹资源保护、竹资源利用等产业文化发展问题。国家林业和草原局造林司司长、国际竹藤组织副总干事和教授参加了宜宾竹文化节，对宜宾市竹文化节的成功举办表示赞赏。

参加宜宾竹文化节的竹产品有10多个大类，参展企业达200多家，竹产品与竹饮食产品共计1000多种。在本次大会上，蜀南竹海展出的大型竹编工艺品《清明上河图》巧夺天工，由9个竹技师采用100多万根薄如蝉翼的竹丝耗时一年半精心编织而成，代表了宜宾竹工艺的最高水平，提升了宜宾的城市形象和蜀南竹海形象，提高了历史文化名城的知名度与美誉度。

第四届中国竹文化节[②]于2003年10月在湖北省咸宁市举行，由国家林业和草原局、湖北省人民政府、国际竹藤组织联合主办，中国竹产业协会、湖北省林业局协办，湖北省咸宁市人民政府承办。咸宁是全国著名的"楠竹之乡"。本届文化节的主题是"保护竹资源，发展竹经济，推动竹产业发展，改善农民生活"。来自亚洲、非洲、欧洲、北美洲的17个国家的代表参会，中国南方10省的林业厅也派出代表与会。本届文化节举办的活动有竹业博览会活动、当代咏竹画展活动、咸宁市经贸展活动、咸宁盆景展活动、国际竹藤组织举办的竹子研讨会系列活动等。

第五届中国竹文化节[③]于2006年10月在福建省武夷山市举办，由国家林业和草原局、福建省人民政府、国际竹藤组织主办，南平市人民政府、福建省林业厅、中国竹产业协会承办，福建省人民政府台湾事务办公室、福建省文化厅、福建省人民政府外事办公室、福建省海峡两岸（福建）农业合作试验区工作领导小组办公室协办。本届竹文化节的主题是"海峡两岸竹文化交流与竹产

---

① 阳通富：《宜宾举办第三届中国竹文化节》，《中国林业》，2002年第1期，第36页。
② 傅金和：《金秋10月在咸宁举办第四届中国竹文化节》，《世界竹藤通讯》，2003年第3期，第11页。
③ 张英、李瑞林：《第五届中国竹文化节在武夷山举办》，《中国林业》，2006年第11A期。

业发展"。参会的代表有全国竹产区派出的代表、国际竹藤组织部分成员国的外交大使、30多个国家及国际组织派出的专家共约1500多人。本次竹文化节期间还举办了以下系列活动：第一，中国竹产业协会召开了常务理事会；第二，举行了海峡两岸竹文化研究论坛；第三，举行了中国第一部竹文化竹产业专著《绿竹神气》的首发式；第四，举办了竹文化产业博览会；第五，博览会评出了竹文化产品的100个金奖。

第六届中国竹文化节[①]于2011年在江西省宜春市开幕，由国家林业和草原局、江西省人民政府、国际竹藤组织主办，宜春市人民政府、江西省林业厅、中国竹产业协会承办。本届中国竹文化节的参会代表有来自20个国家的驻华使节、中国16个产竹省市代表，还有来自中国竹子之乡的30个代表，共计2000多名中外来宾。本届竹文化节举办了竹文化节开幕式、参观竹博园、竹文化博物馆、种植纪念竹、中国竹业博览会开幕式、国际竹藤组织专题会议、中国竹产业协会常务理事会、项目推介暨经贸洽谈会、文艺晚会、参观考察竹加工企业、中国竹业博览会颁奖会暨新闻发布会等10余项活动。

江西省宜春市是我国毛竹重点产区，毛竹的常年储蓄量为4.15亿株左右。宜春市竹产业发展走在全国前列，涉及建材、家居、医药、食品、纤维、高分子材料等行业。宜春市拥有260多家竹产品生产企业，创造了高达30多亿元人民币的年产值。特别值得一提的是，宜春市研发的电脑用竹键盘、电脑用竹鼠标、竹电脑外壳等竹科技产品在海内外都享有很高的声誉。

第七届中国竹文化节于2012年11月在江苏省宜兴市举办，由国家林业和草原局、江苏省人民政府、国际竹藤组织主办，中国竹产业协会、江苏省林业局和无锡市人民政府协办，宜兴市人民政府承办。本届竹文化节的主题为"弘扬竹文化　发展竹产业　促进绿色增长"。中国18个产竹重点省以及产竹重点县派出代表与会，有来自4个国家的农林环境官员与会，还有26个国家派出代表参会，参加第七届中国竹文化节的代表共800多人。

本届中国竹文化节举办了以下活动：第一，举办了评选活动；第二，进行了"宜兴竹园"开园剪彩仪式；第三，举行了纪念竹种植仪式；第四，举办了竹文化与竹产业发展高峰论坛；第五，参观了中国竹文化馆；第六，考察了宜兴高产竹林基地；第七，参观了竹产业加工区；第八，考察了竹产业展示中心；第九，国际竹藤组织在江苏宜兴建立了培训中心，并举行了奠基仪式。本届竹文化节上评选了"中国特色竹乡""中国竹制品名镇""中国竹业龙头企

---

① 吴剑、彭文辉：《第六届中国竹文化节在宜隆重开幕》，《宜春日报》，2011年10月16日。

业"。宜兴市有11个县获得荣誉称号，安徽有3个乡镇获得荣誉称号，浙江有42家公司被授予"中国竹业龙头企业"。

第八届中国竹文化节①于2014年11月在安徽省黄山市举办，由国家林业和草原局、安徽省政府、国际竹藤组织共同主办，黄山市承办。本届竹文化节的主题是"弘扬竹文化，发展竹产业，建设美好乡村"。参加本届中国竹文化节的代表有厄瓜多尔及尼泊尔等国家的驻华使节，中国16个产竹省市、自治区的代表，中国竹乡派出的代表，中国林业科学研究院专家，中国科学院植物所专家等，共计400多人。

本届中国竹文化节举办了以下活动：第一，举办了竹文化与竹产业高峰论坛；第二，参观考察了竹文化博物馆；第三，举行了韵竹园揭牌仪式；第四，领导共同种植纪念竹活动；第五，与下届举办单位眉山市进行了交接仪式。

安徽省2013年竹产业生产总值达到143.65亿元人民币，安徽省的徽派竹刻艺术在全国享有盛誉。本届竹文化节更多彰显了竹文化和徽文化的有机互动和深度融合。

第九届中国竹文化节②于2016年10月在四川省眉山市举办，由国家林业和草原局、四川省人民政府、国际竹藤组织主办，眉山市人民政府、四川省林业厅、中国竹产业协会承办，青神县人民政府执行承办，全国各省（市）林业厅（局）竹产业协会、四川建筑装饰协会、四川省室内装饰协会、四川省连锁经营协会、四川省工艺美术行业协会、四川省工艺品进出口公司、四川省工商联礼品行业商会、四川省乡村旅游协会、成都市零售商协会协办。本届竹文化节以"弘扬竹文化、发展竹产业、共圆中国梦"为主题。参加本次文化节的有国家林业和草原局、四川省人民政府、四川省林业厅、国际竹藤组织、眉山市人民政府、中国竹产业协会等单位，来自海内外的300家竹企业代表，100家电商企业代表，100家左右的工艺品采购商，200家左右的代理商与经销商，20家大型商场的负责人。参会代表一共2000多人，与历届中国竹文化节规模相比，第九届中国竹文化节是与会单位类型最多的一届。

本届竹文化节举办了以下活动：第一，种植纪念竹活动；第二，竹文化竹产业成果展览；第三，竹文化产业项目签约仪式；第四，国际竹子高端研讨会；第五，中国竹产业高峰论坛；第六，全国竹种园联席峰会；第七，以竹文化为主题的民俗表演晚会。难能可贵的是，本届竹文化节的突出亮点是展出了

---

① 《第八届中国竹文化节在安徽省黄山市举行》，《世界竹藤通讯》，2014年第6期，第2页。
② 《第九届中国竹文化节将于10月在四川眉山举行》，《中国日报网》，2016年9月21日。

42个国家的竹工艺品。

本届竹文化节期间,青神县率先主办了商务部面向国际竹藤组织成员国的培训班。青神县在本届竹文化节收获诸多殊荣——"国际竹编之都""竹编艺术传承国际范例奖""全国竹编产业创新创业示范市""国家 AAAA 级景区",眉山市荣获"全国绿化先进集体"。

第十届中国竹文化节①于 2018 年 11 月 14 日—16 日在湖南省益阳市桃江县举办,由国家林业和草原局、湖南省政府、国际竹藤组织主办,湖南省益阳市桃江县承办。本届竹文化节的主题是"弘扬华夏竹文化、建设美好新家园",有驻华大使、国际竹藤组织、中国竹产业协会、国家林草局、全国各地客商、全国主流媒体记者等 1000 余人参会。本届竹文化节期间举办了竹产业高峰论坛、艺术展览、文艺晚会暨黎锦晖音乐会、商贸洽谈会等主题活动。

桃江县竹林面积达 115 万余亩,竹资源在总量上占全国第三位。本届竹文化节开幕式上宣读了国际竹藤组织、中国竹产业协会的贺信,桃江县被主办方授予"国家桃江楠竹产业示范园区",发布了《竹与乡村振兴——桃江宣言》,并向第十一届中国竹文化节举办城市——四川省宜宾市授旗。

本届竹文化节的亮点:第一,呈现了一台大型竹海 5D 光影实景晚会暨黎锦晖音乐会,以桃花江万亩竹海为背景,采用全息投影技术、多媒体数控艺术将声、光、影、焰火融为一体,音乐会结合桃江地域文化展开,让观众在全息沉浸式环境中品竹、赏竹;第二,发布《竹与乡村振兴——桃江宣言》,倡导发挥竹资源低碳环保、可持续、可再生优势,将竹产业打造成"富民工程""生态工程",让竹产业在全国乡村振兴战略中发挥重大作用;第三,让参会代表感受到了中国竹产业、竹文化的发展历史变迁。中国桃江竹文化博览馆浓缩了中国 6000 多年的竹文化历史。本届竹文化节期间,有来自全国各地的 100 多家商家参展,签约商贸协议 30.4 亿元人民币。

第十一届中国竹文化节②于 2021 年 10 月 19 日—21 日在四川省宜宾市三江新区举办。本届中国竹文化节由国家林业和草原局、国际竹藤组织和四川省人民政府主办,中国竹产业协会、四川省林业和草原局、宜宾市人民政府承办。本届竹文化节以"竹福美丽中国 促进乡村振兴"为主题。参会嘉宾及领

---

① 杨玉菡:《第十届中国竹文化节开幕式在桃江举行》,《益阳日报》,2018 年 11 月 16 日。
② 《第十一届中国竹文化节暨第二届中国(宜宾)国际竹产业发展峰会(竹产品交易会)开幕》,宜宾市人民政府网,2021 年 10 月 20 日。

导共 300 多人，出席会议的主要人员有国际竹藤组织理事会主席国政府代表、非洲驻华使团团长、喀麦隆共和国驻华大使，全国政协常委、国家林业和草原局副局长，中国非物质文化遗产保护协会会长，中国竹产业协会会长，四川省人民政府副省长，宜宾市委书记，宜宾市市长，宜宾市人大常委会主任等嘉宾领导。

本届文化节的主要活动包括开幕式、投资促进会、高峰论坛、植竹活动、竹文化作品展、宜宾竹特色产品展、竹文化体验、主题晚会、竹书法摄影展、竹主题非遗展、竹食品展销、竹艺技能竞赛等活动。同时进行了多平台、多维度的线上、线下展示，并开展了竹产品展销和竹旅游推介活动。

开幕式上举行了"成渝竹产业协同创新中心"授牌仪式，启动了竹产品线上交易展，并为第十二届中国竹文化节举办城市江西省抚州市授旗。

本届中国竹文化节承办城市宜宾市是长江首城、中华竹都，是国家历史文化名城，国家森林城市，中国优秀旅游城市。宜宾蜀南竹海是"中国最美十大森林"之一，国家级非物质文化遗产江安竹簧工艺享誉中外，1915 年在巴拿马万国博览会上荣获金奖。

宜宾市建有现代竹产业园区 4 个，在长江干支流沿岸和宜长旅游公路两侧建设了 297 公里的翠竹长廊；建设有宜宾纸业等 13 家涉竹企业，引进了 54 家涉竹龙头企业，培育了中箸筷业等规模以上企业 24 家；2019 年组建了宜宾林竹产业研究院、宜宾竹学院。引进了 14 名国内竹产业界高端人才，组建了 5 个关键领域和核心技术攻关团队，在研竹科研项目 18 个。宜宾市是全球最适合竹类生长的区域之一，现有竹子种类 39 属 485 种，原生竹种 58 种。2020 年底，宜宾市竹林总面积达 354 万亩，竹产业综合产值 248.11 亿元，居全省第一。宜宾市是迄今为止唯一一个举办了两届中国竹文化节的城市。

第五章　宜宾茶文化与茶产业发展

中国是茶的王国，悠悠五千载，茶香润汗青。"僰道出香茗，悠悠三千载"，古为僰道的宜宾亦是茶的故乡。据《华阳国志·巴志》记载，僰道不仅多有荔枝，且"园有芳蒻，香茗"。《叙永县志》（1933年）称：于周代起，川南开始饮茶之风，直至汉代，方行栽培之术，要论大盛之时，莫属魏晋。早在先秦，僰道便"园有芳蒻"，向周王朝的常规纳贡中就不会少了茶叶这种地方特产。"八之出"是陆羽《茶经》中的说法，指八个有高品质茶叶的产地，而位于剑南区域并久负盛名的宜宾泸州地区就是其中的典型代表。不难看出，宜宾茶品在唐代就已经显示出了它的优越性。更难能可贵的是，详述了50多种名茶的《唐史》，竟有来自四川的18种代表茶品。比如，宜宾珙县一个以茶为副业的小村——曹营鹿鸣村，其以"鹿鸣茶"闻名，还有以兴文梅岭为代表的"梅岭茶"等。后来，人们还发现了很多保留至今的"茶迹"，宜宾市叙州区黄山茶场有千年古茶树，其高度让人震惊，树干粗壮，两人方能合抱；还有一棵位于高县汉王山的千年古茶树。这些实物也在用不争的事实向我们传达出宜宾种茶、产茶历史之悠久，至少上千年，值得后人细细探讨。

在茶业兴盛的唐、宋时期，"茶马互市"特别兴盛。唐代四川省26个市（地、州）产茶，宜宾就是这26个市（地、州）之一。在唐代，南至云南蒙自、建水等地区都被列入宜宾市，因而自然包括位于云南的普洱茶产区，当时，宜宾在此设置了都督府。北宋真宗时期（998—1022年）朝廷在宜宾设"买马场"，南宋时期设"茶马交易市场"。当时全国有八大茶马交易场，宜宾就有两个，一是叙州（宜宾），二是长宁（今长宁县）。宋绍兴十四年（1144年）、十五年（1145年）的买马数分别为5245匹和6000匹（包括黎文州），乾道二年（1166年）为5696匹。自两宋以后，在"茶马交易"的拉动下，宜宾的经济得到长足的发展，也促进了周边地区的繁荣。宜宾成了川南的政治、经济、文化中心，全国各地商人纷至沓来。来自西昌、云南、贵州的马匹作为商品，源源不断地流向宜宾市场，在互市中进行交易。茶马互市的繁荣促进了我国古代西部的开发，促进了宜宾经济的发展。商业的繁荣促使了以营利为目的的中间商、经纪人的出现，同时也使货栈成为贸易过程中的必需。为什么这么说呢？宜宾货栈担负着多方面的任务，一方面它要为其牵线搭桥，另一方面还要保证食宿以及物资的存放。从清代至民国的不完全统计，宜宾的货栈多达23家，可解决每晚上千人的客商住宿问题，容纳数百吨的物资堆放。彼时，会馆应运而生，旨在为各地商人维护权益，如两湖会馆、浙江会馆、福建会馆等，共有20余处。

至明代，茶税收入是当地政府的重要财政收入之一，主要来自主产茶区，包括宜宾的筠连县、高县和珙县等。产自珙县曹营的"鹿鸣茶"是明代贡品。叙州茶价格昂贵，且茶税极高，在明正统八年（1443年），一斤茶可抵钞至1贯。明清之际有诸多全国闻名的茶品，在宜宾筠连以"黄芽茶"为代表，在宜宾江安以"梅岭茶"为代表，在宜宾雷波以"黄朗毛尖"为代表……深受人们喜爱。从清朝至今，宜宾茶产业持续繁荣。有记载，四川宜宾的茶在清至民国间，用作"康砖"，誉为"南路边茶"，也叫作"下河茶"[①]，该名字的来由有待我们进一步考证，但其品质深受藏族同胞赞誉。民国元年（1912年），宜宾城设有茶叶讲习所，传授茶叶生产、制作技术。民国6年（1917年），设有宜宾、重庆、筠连三县联合制茶总厂，以新法制绿茶销往上海等地，后因资金困难停办。20世纪上半叶，宜宾茶业同业公会既制茶又开店卖茶，所产品种有绿茶、青茶、沱茶等，其中宝星沱茶属传统产品，声誉较高。

新中国成立之初，百废待兴，因出口业发展需要，开始了大规模红茶创汇之路，而宜宾紧跟时代发展步伐，积极响应国家发展需要，成为川红工夫茶的始创地，至今仍享有"发源地"的美誉。1951年，宜宾开始生产"工夫红茶"，1952年8月，在市郊南岸上渡口新建"中国茶叶公司西南公司宜宾茶厂"（简称"宜宾茶厂"），推广发展"工夫红茶"。1952年8月13日，中国茶叶公司以茶（1952）计字395号文件正式确定宜宾地区的筠连、高县、叙州区为川红工夫茶生产区，宜宾茶厂为"川红工夫茶"和"边茶"重点定点生产企业。1954年，"川红工夫茶"首次在英国伦敦展销，受到国际茶商界青睐。1958年，"川红工夫茶"得到中央的高度评价。1978年，在里斯本举办的第24届世界食品博览会上，宜宾茶厂生产的"早白尖工夫红茶"被誉为川红工

---

① 李丽霞、罗学平、赵先明：《宜宾市茶文化生态旅游发展思考》，《南方农业》，2015年第28期，第73~77页。

夫茶中的"极品"，荣获了金奖。1985年，除宜宾茶厂外，市郊新建有文化茶厂、李家寺茶厂等乡镇企业。到1987年，全市外贸系统共收购出口原料茶5500余吨，占全省红茶出口总量的70%左右。

第一节　宜宾茶文化管窥

一、文人墨客游，茶香飘千年

　　品香茗，如交挚友，久而弥笃。唐宋之际，文人饮茶之风盛极川南。唐代以杜甫、岑参为代表，至宋代出现了更多的文人代表，包括刘谦、范成大、黄庭坚、苏轼、苏辙和陆游等，明代以杨慎和曹学佺为主，清代有顾汝修、赵树吉、刘光第等文人墨客斗酒品茗、吟诵唱和。他们留下了一大批咏酒品茶的名作，对于宜宾茶文化的传承具有不可低估的作用。宜宾市江北公园石壁上现留存黄庭坚谪居于此的"曲水流觞"四字，此处是其昔日以茶会友、吟诗作赋的常顾之地，至今仍扬名天下，赋予了宜宾旅游新的文化内涵。岷江边的锁江亭也是历代文人闲暇时品茗饮酒的著名场所。黄庭坚的《次韵李任道晚饮锁江亭》描绘了一幅与朋友江边饮茶交流的怡人景象，赋予宜宾茶文化以深刻的人文意蕴，成为众多文人雅士赞美宜宾山川名胜的代表作："西来雪浪如炰烹，两涯一苇乃可横。忽思钟陵江十里，白蘋风起縠纹生。酒杯未觉浮蚁滑，茶鼎已作苍蝇鸣。归时共须落日尽，亦嫌持盖仆屡更。"

　　南宋爱国诗人陆游对茶一往情深，而其对戎州茶情有独钟，自诩"戎州陆羽"，有诗为证："归来何事添幽致，小灶灯前自煮茶。""雪液清甘涨井泉，自携茶灶就烹煎。"

二、茶俗、茶礼和茶歌

　　三千年沉淀，宜宾茶洗尽铅华，名扬四海；三千年文化，茶香弥漫于宜宾街头巷尾，江山之间，茶文化已融进宜宾人的血液中。宜宾人是品茶行家，他们种茶、喝茶、品茶、论茶。幽雅的茶园少不了这群"品茶行家"的身影，风雨骄阳也挡不住他们对茶的热爱。

（一）茶俗

茶俗，即饮茶习俗，是我国民间风俗的一种。我国地域辽阔，人口众多，民族众多，饮茶习俗千姿百态，各呈风采。四川自古以来就有以茶待客、以茶会友、以茶联谊等饮茶习俗，茶已然作为一种社会文化现象融进了四川人的血液中：宴请宾客要"摆茶"；娘家父母大寿，女儿需回家"烧茶"；插秧时节要喝"歇脚茶"；走亲访友要"封茶"；花生红苕结果要"烧茶"；纠纷事宜要"请吃茶"；感谢帮助要"送茶钱"；过年摆好香茶迎接龙灯；赶场偶遇熟人，免不了邀约茶馆喝茶；中秋赏月设茶。简直是无茶不成礼，办事无不茶。[①]

1. 宴请宾客之"摆茶"

无论贫富，只要是宴请宾客，"摆茶"就是饭前的固定流程和习俗。普通人家用粗碗、竹盘盛茶食糖果，大户人家用细瓷茶碗、精致果盘盛茶食糖果。家家户户都会做黄粑、鸭儿粑、草草粑等用作过年吃茶。只有吃过茶之后，才正式开始宴客。先上凉菜，再上热菜，后上"九大碗"等主菜，吃饭聚会进入高潮。饭后，再端上一杯茶，整个宴客流程才算大功告成。一方水土养一方人，这些体现了茶在人际交往中的地位，茶已经成为人们真挚待客的重要载体。

2. 娘家父母大寿，女儿需回家"烧茶"

即使女儿已经出嫁，但逢娘家父母整十大寿，女儿就要在婆家提前做好茶食糖果，以供回去孝敬父母摆茶之用。父母生日当天，女儿作为主人家，要亲自为来宾泡茶、摆茶食糖果招待客人，这是女儿对父母孝敬的表现。这种"烧茶"风俗很好地反映了中国文化礼节的内涵。

3. 插秧时节之"歇脚茶"

中国是农业大国，自古以来，文化现象就与农业密不可分。茶在农业社会是重要载体，种田插秧均要吃茶。插秧时节，亲朋邻里相互帮忙，他们不要工钱，主人要准备好酒、好菜、好茶犒劳大家。在劳动间歇要喝茶，其间有鸭儿粑、泡盐蛋等小吃呈上。这就是号称"打幺伙"的茶餐。之所以要在这个时候吃盐蛋，是因为人们相信只有吃了盐蛋，才会将秧苗种好。

4. 走亲访友之"封茶"

所谓"封茶"，就是买那些包装好的茶食作为馈赠佳品送给亲戚朋友。这里，茶食的"茶"已经不是茶叶本身，而用来指代零食，如白糖、冰糖、果

---

① 刘盛龙：《四川宜宾农村的茶俗》，《农业考古》，1994年第2期，第117~118页。

子、蛋条和月饼等。有宜宾歌谣为证："幺妹回娘家，没得抹个（即什么）拿，手头提封茶。情哥前面走，妹儿跟后头，细摇细摆呀荷咳，妹儿跟后头。"

5. 花生红苕结果之"烧茶"

农历八月初一，花生红苕基本成熟，家家户户从地里挖出一些花生、红苕，洗净煮熟，泡好茶，在家神牌位之前摆好，先敬天地，后敬老人。仪式之后，一家人开始品茶、吃花生和红苕，以预祝农作物丰收，祈祷当年能有好收成。

6. 纠纷事宜之"请吃茶"

人与人之间交往难免有误解纠纷，如两家小孩打架，这家牲畜误踩邻家菜地，或是邻家小鸡误食了他家的菜……一般来说，当事双方若能自己解决最好。倘若双方无法自己解决，这时就会有"请吃茶"环节了，需要请邻里乡亲来评理。被邀请来茶馆吃茶的都是双方亲友，名义上是被邀请去吃茶，实际上是邀请他们来做见证人。吃茶后需请一个在当地有声望的人出来主持公道，对纠纷事件进行是非评定，从而达到调解的效果。最后，被判输理的那家人需要支付参与人员的茶钱。茶馆，成为调解纠纷的重要地方。

7. 感谢帮助之"送茶钱"

为了感谢亲朋好友、邻里乡亲的帮助，一种常用形式就是"送茶钱"。无论红白喜事，主人都会对来帮忙的人送碗茶钱，"这点钱你拿去买碗茶喝"。给茶钱的地方还体现在请人跑路、托人捎带东西，或者请人为自己代写书信之类的事务。在这里，茶又作为一种美好人情往来的代名词。

8. 春节之"摆茶"

过年耍龙灯是常见的传统文化活动，迎接龙灯必须要摆茶。农历正月初三之后，龙灯队、车灯队开始走乡串户。这两个灯队必须由当地享有较高声望的人带队到邻里乡亲家拜年送祝福。白天，由三人舞耍的彩龙将龙灯队带领出来拜年；晚上，则由车灯队来完成拜年，主要是有两人主唱，众人和。这是一种祥和景象，大家沉浸在锣鼓声中，欣赏着舞龙之妙，互相道着祝福，昭示着大家"年年有今日，岁岁有今朝"的美好愿望。身在乡间的人无不熟知过年"提灯笼的人"这一说法。这个人口才与智慧俱佳，他手执圆形大灯笼，站在队伍前面，叩开新年"祝福之门"。随着拜年活动的开始，他们走至哪家，就意味着哪家主人需要出来接灯了。同时，主人会在自家大门前，用桌凳、瓶罐、脚盆等器皿，将它们摆成不同形式，以哑谜呈现，伴以主人早已准备好的一套说辞，对拜年之人表示诚挚欢迎，同时抛出谜语。这时候就由会首来猜谜，猜完才可以进主人的家门。进门过后，会首唱一些朗朗上口的四言八句，将吉祥祝福传送给主人。尔后开始耍龙灯、唱车灯,这些活动过后,主人摆茶款待这群送祝福的人。

通常来讲,"摆茶"约定俗成只管茶果糖食,不会负责饭菜。吃茶结束,主人将事先准备好的红包送给他们以示谢意。每封钱多以"十二"为主,寓意一年十二个月每月发财的期许。钱多少并不是大家最在意的,新春佳节,人们重在传送祝福与平安。

9. 赶场之"坐茶馆"

赶场是乡间生活不可缺少的一部分,生在乡间的孩子,无论后来是否背井离乡,但凡想到孩童时代的赶场岁月,都是满满的美好回忆,这也是他们人际交往的萌芽,包含了太多无法言说的"情"与"趣"。逢赶场日,熟人碰面,就三五人相约进茶馆,或者直接在茶馆与友人相聚。人们总喜欢争着"开茶钱",这也是民风淳朴的一种表现,不在乎茶钱多少,在乎的是一种情义。

10. 饮茶与"敬月华"

茶还与中秋佳节相关。中秋节晚上吃月饼,寓意团圆。皎洁的月亮挂在天上,人们在月光下备好清茶,品尝月饼、瓜果、糖品。这个仪式也被古人称为"敬月华"。家中长辈切分月饼,大家喝茶、品饼、赏月,追思先辈,祝愿远离家乡的亲人平安,完美诠释了"千里共婵娟"的美好。

(二)品茶与茶礼

开门七件事:油、盐、柴、米、酱、醋、茶,茶虽然排在后面,但待客时一杯香茶往往是先敬上。"宜宾"顾名思义为"适宜宾客"之意,对茶礼非常重视。在宜宾,以茶表礼已不仅仅是个人行为,更是一种社会普遍遵守的传统准则。

1. 品茶

品茶需要好茶与好水。好茶叶自不必多说,宜宾"川红"等多种茶叶早已闻名世界。取水更是古来便有着许多讲究。据史料记载,宜宾古时品茗取水,以安乐泉和金沙江、岷江、长江三江汇合之水为上等。安乐泉为巴蜀名泉,位于岷江畔,现在五粮液厂区内。昔日黄庭坚常在戎州锁江亭以文会友,饮酒品茗,所取之水便来自安乐泉。宜宾是三江合流之地,水源来自大雪山,三江汇流之水融汇精华,冬春之季水质最佳,清冽爽口。

环境也是需要考虑的因素,无论是在碧水环绕、假山林立的庭院中,欣赏树木泛出的点点新芽,还是在气势雄伟、奔流不息的长江边,纵横捭阖、指点江山。总之,要选择一个让客人心情愉悦的优良环境。

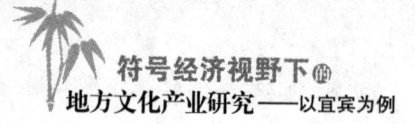

品茶有严谨的程序，正所谓"一嗅、二倒、三品"。所谓嗅茶，就是主人待客人坐定，将精心准备的好茶叶拿出，向客人说明茶叶的特点与韵味，往往引得宾客好奇，然后交由客人依次传递嗅赏，以证实茶叶的优劣。所谓倒茶，宜宾人历来有"茶满欺人，酒满敬人"之说，为客人倒茶，以七分满为佳，最多不能超过八分。

倒茶又分四个步骤：第一步名为"嘘寒问暖"，俗称湿壶，将初沸水倒入空壶，以提高壶温，便于冲泡；第二步名为"素瓷生烟"，即烫杯，宜宾的工夫茶很有名，品工夫茶讲究热饮，因此烫杯是必不可少的程序，在宾客面前湿壶烫杯寓意对宾客的尊重，可以营造温馨的气氛；第三步名为"倾心桃源"，即将茶叶投入茶壶，通常下茶量与茶水比以1∶22为宜，切忌用手抓茶叶，以镊子夹茶最佳；第四步名为"悬壶高冲"，即将沸水注于壶中，宜宾至今仍存在精通倒提注水法的"幺师"，他们右手一收一翘，沸水便从长嘴壶里高冲而下，一柱飞流凌空而降，准确地冲进茶碗，恰好做到水满不溢，滴水不漏。再经过刮沫、淋壶、筛茶等一系列准备后，才向宾客敬奉香茗。

双手奉上是中国人通识的一种尊重之道，因而，若要请人喝茶，茶托上的茶杯亦是需要双手奉上端出去的。茶杯也不能乱放，需要放在客人方便接过的位置，也就是其右手边的前方。中国人善于察言观色，谈、饮间隙，主人会特别注意及时添水。添茶的时候一定要注意顺序，须先从左边开始，因为品茶时是以左为尊。

"一碗喉吻润，两碗破孤闷。三碗搜枯肠，唯有文字五千卷。"茶能清诗思，助诗兴，几千年来，古人留下了数量众多的茶诗。时至今日，吟诗作赋或许已不再是当代人的首选，但在品茶时观看形式多样的艺术表演仍是一件大添雅兴的事情，表演则以古筝、茶艺展示为主。

品茶、观艺，宾主尽兴。茶宴末尾，在茗香仍于宾客唇齿间萦绕之际，为表示敬意，宜宾人还喜欢向宾客赠送茶叶，名曰"尽杯谢茶"。

2. 茶礼

茶礼，又叫"茶银"，是聘礼的一种。以茶为彩礼的习俗古已有之，许次纾的《茶流考本》中提道："茶不移本，植必子生，古人结婚必以茶为礼，取其不移志之意也。"与"茶"相关的名词作为儿女人生大事的环节象征，足见"茶"与人们的生活联系之密切。无论哪个阶层，都讲究婚姻过程中的"三茶六礼"。所谓"三茶"，指的是缔结婚约的三个环节。首先是订婚时的"下茶"，尔后结婚时刻的"定茶"，最后就是同房的"合茶"。清代孔尚任《桃花扇·媚座》中有"花花彩轿门前挤，不少欠分毫茶礼"。

中国各民族中该习俗至今仍在流传：比如我国少数民族拉祜族，其在婚俗方面仍保持着独特性。一旦男女双方经过商议明确了成婚的日子，接下来，男方就得通过一系列的举止来表态，充分表示对女方的尊重，也就是男方会将茶、酒、米、盐、肉之类的东西作为礼物赠予女方。在拉祜人的认知里，倘若一场婚约中没有"茶"，那是万万不能作数的。与"茶"相关的婚俗有很多，如白族人订婚、结婚都有送茶礼的习俗。云南是我国多民族聚居区，在这里的藏族青年，遇到特定节日或清闲时期，会提前打好酥油茶，随身携带至野外聚餐。聚会中，要是遇到了心仪的姑娘，可以邀请她入座一同用餐，并且抢走对方的帽子，为的是可以离开人群与其商谈。这时，女方若不同意彼此成为配偶，是可以将帽子拿回来的。除了结婚涉及"茶"文化，也有"退茶"之说，"退茶"就是解除婚约的意思。

宜宾"结亲送礼要送茶"则是对"以茶为礼"古俗的传承与发展。结婚是人生的一件大喜事，因此要办得热热闹闹。结亲要送厚礼，除衣物钱财外，还必得送茶，有的要送茶四斤、酒四斤、糖四斤、米四斤、盐四斤。礼物中还要有鸭子两只，不过这鸭子，姑娘家是需要原物送还，这叫作"双双压起去，双双压起来"。礼物用木制的喜抬装好，两人抬一抬，吹鼓手走在前面，花轿在后面，锣鼓开道，吹吹打打，组成结亲队伍。一路春风，一路欢笑，喜气洋洋，十分热闹。

（三）茶歌

茶文化源远流长，旷古幽雅。茶已成为一种文化现象，茶歌就是茶文化的有声表达，主要是从茶叶的产出、饮用这一文化本源而来。茶歌有三种来源：一是从文人的作品中演变而来，从诗变成歌；二是从民谣演化而来，一些文人墨客将民谣进行整理配曲；三是由民众在生产劳动过程中创作。

关于茶歌的记载并不少见，四川、湖南、江西、浙江等各省地方志中都可查询到。原本茶歌只是一些散见于民间的口头歌谣，没有统一的曲调。劳动人民智慧无穷，四川这片人杰地灵的土地上最早出现专门的"采茶歌"。随着历史的变迁，茶歌成为中国南方传统民歌形式之一。茶歌格调形态的多种变化大大丰富了歌唱内容，使"茶"的文化意象流传久远。

宜宾现存100多首茶歌，这些茶歌多为即兴演唱，寄情于茶，喻茶感事，流于口传，行于民间，唱出了茶农最质朴、最真实、最美好的想法和愿望。比较著名的宜宾茶歌有《月亮出来茶籽生》《采茶采得口儿干》《采五更茶》《采姐妹茶》等。

爱情与婚姻是民歌永恒的主题，歌颂男女之间如茶一样纯洁馨香爱情的宜宾茶歌随处可见，如"二月采茶茶发芽，哥哟莫想就吃它。等到三月清明后，妹儿上坡来送茶"（宜宾市叙州区商州的薅秧歌），"手采茶叶口唱歌，一箩茶叶一箩歌；妹儿山上采春芽，阿哥炒茶等妹喝"（《屏山茶歌》），"茶乡生计即山农，压作方砖白纸封。别有红笺书小字，西商监制自芙蓉。六水三山却少田，生涯强半在西川。锦官城里花如许，知误春归几少年"（《采茶歌》），字里行间是无法言说的爱。

土风土味的茶歌还承载着传承乡土文化的功能。在《十二月采茶歌》中，"正月采茶是新年"到"腊月采茶快过年"，向我们详尽地展示了茶乡物候及农事之间不可分割的关系，乡村田园气息跃然纸上，好似一股清新的空气扑面而来；《采茶歌》中的"三月春风长嫩芽，村庄小妇解当家"，毫不吝啬对大自然风光及采茶姑娘欢乐的劳动场景的歌颂赞美；屏山县的采茶歌："折耳根满坡生，我是家婆的亲外孙。我从家婆门前过，家婆喊我屋头坐。倒碗茶，冷冰冰；端盘菜，几根根……"以十足的童真和童趣道出浓厚的茶乡生活趣味，具有浓郁的地域文化色彩。

承载智慧的形式是多种多样的，采茶歌以其简单通俗、轻快明丽著称。浅显的文字背后体现了茶农无穷的生活智慧，是这个群体社会生活的真实折射。毫不夸张地说，采茶歌以及背后的民间歌谣是一本厚重的"立德树人"良书。在《采四书茶》中，借茶育人，可谓影响深远；《采英雄茶》中，大气磅礴地对民族英雄进行描写与褒扬，传送出忠勇诚朴的人生追求；《十字采茶》列举的是古今十位名人及其茶歌，丰富形象地传达出做人的道理。茶歌作品之多，有力地证明了宜宾茶文化的丰富含义，值得后人仔细揣摩。①

三、宜宾早茶节

宜宾盛产早茶。早，一方面指其种植历史悠久，另一方面由于气候适宜，宜宾的茶发芽特别早。宜宾早茶在2月上旬便可产出新鲜茶品以上市，与省内其他地方乃至江浙产茶区相比，往往要早15至30天。宜宾早茶，史书亦有记载，如唐代《膳夫经手录》："惟蜀茶南走百越，北临五湖……自谷雨已后，岁取数百万斤，散落东下。"可见宜宾茶季之早。宜宾成为全国最大的早茶生产

---

① 王志岚：《川南出好茶，僰道茶香浓——记宜宾茶文化》，《中国茶业》，2010年第1期，第38～39页。

基地、全国最大的木樨科粗壮女贞苦丁茶生产基地,是四川省茶叶主产区中茶叶品类最全、产业链条最完整的地区。

自2008年开始,宜宾早茶得到中央、省、市各级电视台以及香港地区相关媒体的关注。2009年,中国茶业流通协会授予"中国宜宾·早茶之乡"称号。宜宾既属于"长江上中游特色出口绿茶"规划区,又属于"西南红茶及特种茶"规划区。2010年,宜宾早茶成为中国首个国家部委正式认可的早茶品牌,获得农业农村部农产品地理标志产品并得到特殊保护。2013年,在中国茶叶流通协会的支持下,由四川省农业厅牵头,与宜宾市政府三方合力成功在北京举办"中国好茶,宜宾早茶——2013宜宾茶产业北京论道"大型活动,宜宾18家龙头企业签下9.965亿元的订单。宜宾市人民政府还决定将"中国·宜宾早茶节"常态化。在茶产业规划建设中,四川率先把宜宾作为生产川南早茶的重点优势区域进行扶持,并将"宜宾早茶"作为全省三大茶叶公共区域品牌之一来打造。

为更好地传播宜宾早茶文化,"中国·宜宾早茶节"受到宜宾市委市政府的高度重视,截至2020年,已经连续十四年在宜宾、成都和北京等地举办,看似平常的一个"早茶节",已经成为宜宾的又一张城市名片。

第一届:2008年3月22日—24日在宜宾金秋湖叙府龙芽科技园举行。以"叙府春暖,早茶飘香"为主题的首届早茶节会上评比出了"名优早茶"金奖,其中"叙府龙芽"获"宜宾名优早茶特别金奖"。

第二届:2009年2月25日—3月2日在宜宾城区中山广场和北京老舍茶馆同时举行。"中国酒都·宜宾"已经是人们熟知的地方标签,在这次早茶节的开幕仪式过后,宜宾人可以自豪地扛起另一块招牌——"中国宜宾·早茶之乡"。

第三届:2010年2月26日—28日以及3月10日举办了以"金沙圣水·宜宾早茶"为主题的早茶节。此次会场设在宜宾长江地标广场,分会场分别设在金秋湖叙府龙芽科技园和北京钓鱼台国宾馆。会上,农业部为宜宾早茶颁发了农产品地理标志登记保护认证书。

第四届:2011年3月22日,由中国茶叶流通协会、中国国际品牌协会和宜宾市人民政府在宜宾市合江门地标广场联合举办。参加本次活动的有全市20多家茶叶生产、经营企业。活动主题是打造、推广"宜宾早茶"这块地域品牌;会上还进行了"宜宾早茶集团"的授牌仪式;会后,参加本次活动的全国专家团冒雨视察了早白尖茶业位于罗场镇金塘村的生态茶园和加工基地。

第五届:2012年2月16日—3月6日,举办了以"早春早茶·生态宜宾"

为主题的早茶节。在宜宾、成都、北京三地分别设立主会场及分会场，实施"三地联动，注重实效"。宜宾会场重在展示茶叶生产特点，将具有特色的宜宾早茶采摘、茶业生态旅游等项目进行集中呈现，内容丰富多样，极具吸引力。成都分会场围绕"宜宾早茶"系列活动进行了展示，旨在充分拓展市场，提升市场竞争力；北京分会场围绕"早茶"主题进行品牌推荐活动。

第六届：2013年2月5日在宜宾黄桷山农场举行开幕式，告别了以往的开幕式表演，将"宜宾早茶"明确定义为"中国好茶"，通过企业这一实体经济承载者，将品牌意识与市场竞争度有效结合，旨在充分展现宜宾早茶的独特优势，不断深化早茶的文化内涵。

第七届：2014年3月在北京和成都分别举行，北京品鉴会在北京二商京华茶业大世界举行。3月2日上午，宜宾众多茶叶企业走进北京，向广大北京市民和商家介绍宜宾早茶节北京品鉴活动。3月2日下午，来自宜宾的川茶集团、早白尖、峰顶寺、乌蒙韵、双星等多家茶叶企业在此进行早茶节北京品鉴活动。宜宾早茶成都品鉴会（包含宜宾早茶展示展销活动）于3月8日开始，为期3天，在成都市宽窄巷子（东广场）和宽窄巷子23号"川茶汇"、成都双流国际机场T2航站楼候机大厅、宜宾茶叶企业在成都的形象店、经营店，以及成都龙和国际茶城等地同时开展相应的品鉴推广活动。集中开展宜宾早茶、川红工夫等两大区域品牌展示展销品鉴活动，带动成都100家店面同时开展"宜宾早茶"品新茶宣传促销活动。本次活动还安排了在龙和国际茶城召开宜宾早茶商企营销对接会，为进一步打开市场、巩固拓展四川消费市场和进一步扩大宜宾茶的影响力作出积极贡献。

第八届：2015年2月12日在宜宾市翠屏区金坪镇开幕，首批早茶正式开采，相关领导、行业专家、茶企精英汇集一起，采摘第一枚新芽，品鉴第一缕茶香。活动包括了开园仪式、采茶、制茶、茶艺交流展示等内容，来宾们尽情领略春意萌动、万物复苏的美景，同时置身于采茶、制茶体验的无穷乐趣之中。

第九届：2016年2月24日在宜宾翠屏区茶叶基地早茶园采摘活动中拉开序幕。此次早茶节以质量、品牌、文化、市场为关键词，真正提升了宜宾茶的品牌性。宜宾早茶以其"早优双绝"闻名，除此之外，川红工夫茶也不断扩大其市场占有率。随着宜宾茶业的深化拓展，宜宾茶在持续健康发展之路上越走越好。

第十届：2017年2月17日在宜宾翠屏区明威乡茶园牧歌生态早茶基地举行。本次早茶节的主题为"宜宾产好茶，好茶在宜宾"。川茶集团等9家茶叶企业向莅临早茶节的嘉宾展示了采茶、制茶工艺及茶艺表演。川茶集团董事长颜泽文代表参加开幕式的29家市级以上茶叶龙头企业宣读了"天府龙芽·宜宾早茶"品牌宣言，围绕四川省"千亿茶产业"发展目标，实施"产业化、品牌化、国际化"发展战略，争做品质川茶、品牌川茶排头兵，追逐"天府龙芽"世界名茶理想，为实现四川省"千亿茶产业"发展目标不懈奋斗。

第十一届：2018年2月9日，宜宾早茶节开园采摘仪式在宜宾兴文县大河苗族乡九龙山生态早茶基地举行。本次早茶节上，宜宾市各区县进行了采茶比赛、茶文化演出，川茶集团相关负责人宣读了"天府龙芽·宜宾早茶"质量安全宣言。现场举行了"天府龙芽·宜宾早茶·九龙饮"最早新茶义卖，义卖所得19888元捐赠给了兴文县大河苗族乡扶贫事业。

第十二届：2019年2月2日，宜宾早茶节开园采摘活动在宜宾江安县怡乐镇长沙村竹秀家庭农场生态早茶基地举行。本届早茶节以"青山绿水好宜宾，绿茶红茶香世界"为主题，绿色、生态、品牌、文化、市场是本届早茶节的关键词，突出了宜宾茶叶"早优双绝"的特点。本届早茶节由中国茶产业联盟、中国茶叶流通协会、四川省农业厅、宜宾市人民政府主办，中国农业科学院茶叶研究所、四川省川茶品牌促进会、四川省茶叶学会、四川省茶叶研究所、四川农业大学、西南大学、宜宾学院、宜宾职业技术学院协办，宜宾市茶产业化发展领导小组办公室、江安县人民政府承办。

第十三届：2020年2月18日，宜宾早茶节在宜宾翠屏区金秋湖镇邱场村川茶集团茶树品比园（智能化灌溉育苗基地）举行。

第十四届：2021年2月5日，宜宾早茶节开园采摘活动在宜宾翠屏区金秋湖镇邱场村川茶集团茶树品比园举行。本次开园采摘活动延续"线上＋线下"模式，推进宜宾茶业科技创新、营销创新、业态创新，通过质量兴茶、绿色兴茶、科技强茶、品牌强茶，力争把宜宾打造成全省茶产业转型升级的主引擎，成为千亿川茶产业的主要动力源，建设茶业大市，为将宜宾建成特色农业强市作出贡献。

早茶节期间，电商平台"宜人优品""川南易购"同步开展早茶网上购，开展拼团优惠、限时秒杀等促销活动，让全国人民足不出户就能买到宜宾早茶，品尝宜宾早春的特别味道。

第二节 宜宾茶产业发展概况

一、产业规模不断壮大

据统计，2018年末，全市种茶乡镇142个，种茶农户17.4万户，茶园总面积达118.7万亩，其中投产面积98万亩，良种面积108万亩。全市干茶总产量达7.1万吨，茶业综合产值达165.2亿元（其中鲜叶产值40.7亿元），茶园规模居全省第一，干茶产量和综合产值居全省第二。全市茶园机械化采摘面积达38.8万亩，机械化修剪面积达87.66万亩，并建设茶叶标准化机采基地25.13万亩，建成1000亩以上茶园绿色防控示范基地23个，成功创建全国首个省级出口茶叶质量安全示范市。翠屏区、叙州区、高县、筠连县、屏山县、珙县六个县（区）被列为全省重点优势产茶县（区）。全市有各类茶叶加工企业341家，年加工能力达5万吨以上，其中年加工能力达500吨以上的有17个，1000吨以上的有9个，5000吨以上的有2个，1万吨以上的有1个；有市级及以上茶叶龙头企业34家，其中省级9家、国家级1家；年产值5亿元以上的企业1家，年产值1亿元以上的企业7家；有茶叶专业合作社173个，其中省级示范社19个；30亩以上家庭农场219个。川茶集团、川红集团等茶叶企业建成国内领先的现代化茶叶加工清洁化、连续化生产线，弘扬传统工艺，创新开发了优黑、优红、冷泡茶、系列花香茶、生姜茶等养生茶，形成了"长江首城、六茶共舞"的发展局面。同时，还创新研制了茶酥等茶食品，茶多酚香皂、面膜、洗面奶等衍生品，不断延长加工产业链条，努力提高综合效益。宜宾市弘扬挖掘茶文化，将本地茶文化与历史文化资源相结合，促进"园区变景区、茶园变公园、产品变礼品"的融合提升，重点培育和打造了天府龙芽—环金秋湖现代特色早茶产业园、高县中国红茶第一庄园、珙县鹿鸣茶海、叙州区天宫茶海等茶旅综合体。同时，创新举办了丰富多彩的茶旅活动，不断提高了三产融合发展的综合效益，拓宽了茶农、茶企增收渠道。在2018年第七届四川国际茶业博览会上，高县中国红茶第一庄园、翠屏区茶园牧歌、屏山县锦屏省级农业主题公园被评为"四川省十大最美茶乡"。①

截至2020年底，宜宾全市茶园种植面积达131.6万亩，干茶总产量达9.1万吨，茶业综合产值达245.8亿元。②

二、品牌建设初见成效

全市有5个茶叶公共区域品牌，其中有4个地理证明商标；有"三品一标"72个，包括3个地理标志产品、5个有机食品认证产品、46个绿色食品认证产品、14个无公害农产品认证；有驰名商标1件、著名商标15件、知名商标14件。2015年，在意大利米兰世界博览会上，"宜宾早茶"获得"百年世博·中国名茶金奖"，天府龙芽获得"百年世博·中国名茶金骆驼奖"，"宜宾早茶"地理标志品牌价值达到111.09亿元人民币，标志着宜宾茶首次进入中国名茶行列。在2017年举办的首届国际（宜宾）茶业年会上，国际茶叶委员会授予宜宾市全球首个"世界著名茶乡"称号，授予"天府龙芽""世界名茶"称号；同年，"宜宾早茶"还在农业农村部举办的首届中国国际茶叶博览会上获得"中国茶叶优秀区域公共品牌"称号。在2018年举办的第二届国际（宜宾）茶业年会上，国际茶叶委员会又授予"宜宾早茶""世界名优绿茶"称号，授予"川红工夫""世界名优红茶"称号，授予"天府龙芽""中国好茶"称号；同年，在农业农村部举办的第二届中国国际茶叶博览会上，"中国·宜宾早茶节"被评为"中国优秀茶事"，"宜宾早茶"被四川省农业厅确定为2018年10个四川省农产品优秀区域公用品牌之一，并向社会公开推介。在2019年举办的第三届国际（宜宾）茶业年会上，国际茶叶委员会授予宜宾市"世界（中国）早茶之都"称号③，进一步提升了宜宾茶叶在国际国内市场上的知名度，增强了宜宾市茶产业的市场竞争力。

三、科技创新持续推进

宜宾成功申报以茶叶科技创新为主要建设内容的四川宜宾国家农业科技园

---

① 《第三届国际（宜宾）茶业年会 宜宾签约合作项目70个金额超百亿》，http://yb.newssc.org/system/20190319/002630483.htm。
② 《宜宾：早茶带热春游》，《宜宾日报》，2021年2月26日。
③ 《三江煮早茶 宜宾茶擦亮金字招牌广迎八方客》，http://local.newssc.org/system/20190316/002628379.htm。

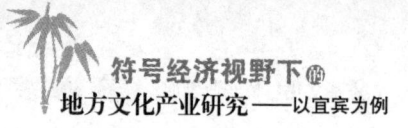

区。川茶集团被国家发改委等部委联合授予全国茶行业唯一国家认定企业技术中心，成功创建了川茶产业技术研究院和川茶产业商学院，组建了中国工程院院士、中国茶叶学会名誉理事长陈宗懋的"省级院士（专家）工作站"，成为四川省茶业科技创新领跑者。同时，选育的"乌蒙早""宜早1号""天府红1号""天府红2号"四个新茶树品种已顺利通过省级茶树新品种审定，获得省市级科技成果26项，国家授权专利53项。

四、国际影响力不断提升

近年来，宜宾主动传承历史文化，打造开放型茶业体系，连续成功举办三届国际（宜宾）茶业年会和十二届"中国·宜宾早茶节"，连续三年发布聚焦全球茶叶行业共同面临的问题及对策的《宜宾共识》。特别是在第三届国际（宜宾）茶业年会期间，28个国家茶叶行业组织负责人在宜宾发起成立了国际茶叶小生产者联盟和国际茶业合作组织（T20+），东盟六国茶叶行业在宜宾发起成立了东盟茶业协会。国际（宜宾）茶业年会因此渐成全球茶行业发展风向标，国际影响力不断提升。①

第三节 创新驱动，打造茶文化名片

按照宜宾市茶产业发展十年总体规划，结合宜宾市各县（区）的区位条件和资源优势，全市将着力抓好绿茶优势区、红茶优势区、早茶优势区、苦丁茶集中区四大茶园基地建设。

一、打造国际早茶之都

根据宜宾市地理区位和优势资源进行布局，努力形成"一都、两区、三基地、四核、五园"现代特色茶产业发展新格局。

一都：打造国际知名的世界（中国）早茶之都。

两区：规划优势名优早茶区、中高山优质生态名茶区。

三基地：建设100万亩优质早茶生产基地、名优红茶原料生产基地、茶叶

---

① 资料来源：《宜宾市现代特色茶产业高质量发展规划（2019—2021年）》，第7页。

生态康养基地。

四核：打造以宜宾茶产业研究院为核心，辐射宜宾学院川茶学院、宜宾茶文化博物馆、国际茶业合作组织和以川茶集团"一站两院两中心"[院士（专家）工作站、川茶产业商学院、川茶产业技术研究院、国家企业技术中心、四川省茶业工程技术研究中心]为代表的科创平台；培育以"天府龙芽·宜宾早茶"为核心的区域公用品牌；打造以"四川酒茶投资集团"为核心的投融资平台；打造以环金秋湖区域为核心的国家级现代农业产业园区。

五园：建成翠（屏区）南（溪区）"金（秋湖镇）—金（坪镇）—汪（家镇）"现代早茶产业园，江（安县）兴（文县）长（宁县）特色早茶、秋茶产业园，高（县）筠（连县）中高山优质茶产业园，叙（州区）屏（山县）天宫山高山绿色有机茶产业园，珙县鹿鸣贡茶产业园。

（一）做长链条

种养结合，在茶园基地建设过程中推动生态农业发展，积极推广茶园、茶林套作，茶、畜套养的新产业模式，形成"猪—沼—茶""茶—林—菌""茶—林（果）"循环业态的立体种养殖模式，改变原来单一的茶叶种植模式，从而呈现出"扩张式""立体式"的发展态势。大力发展茶产品精深加工，开发绿茶米花酥、龙芽脆等绿色茶食品。

修订完善环金秋湖茶旅融合开发规划，建成"龙芽茶城"茶文化展示区和名茶展销点，打造茶区观光游、茶叶采摘游、茶文化体验游等新兴旅游业态。通过深入分析茶文化的文化底蕴与现有的自然资源，不断开发园区潜在的功能，以推进其成为表现茶园景区、自然生产区、游客居住区、综合旅游区等特色的多样载体，以此推进休闲观光农业的发展，促进第一、第三产业互动。

（二）做大规模

推进土地流转，坚持集中成片、突出重点、择优发展的原则，加大对家庭农场、专业合作社、重点种茶户、产茶村和乡镇的扶持力度，大力推进茶园适度规模经营，严格规划茶叶专业合作社，积极推进专业合作社的组建和发展，不断提高茶园基地规模化和集约化水平。

重点支持茶叶龙头企业发展壮大，加快推进小微茶叶企业集中加工区建设，每5000亩茶园配套标准化茶叶初制车间，强化"茶叶加工企业＋合作社＋茶农"的利益联结机制，培育茶叶专业合作社13家，带动近10万农户从事茶叶生产，集中打造邱场—明威—金坪20万亩早茶产业带。

(三) 做优品质

加快茶园以机械采摘和机械修剪为主的科技推广应用，大力推广茶叶生产、管理、采收机械化作业，全面实施茶园病虫害统防统治和绿色防控，积极打造标准化示范性基地。

加快"宜宾早茶""川红工夫"红茶的"无性系"新种植模式推广，不断以新技术优化茶的品种结构，提升良种培育水平。建立茶产品网上质量安全机制，重点引进"名选131"、乌牛早等品种，普及应用杀虫灯、诱虫黏虫板等茶园病虫害绿色防控技术，保障茶叶品质优质安全。

(四) 做强品牌

建立"宜宾早茶"的主题网站，线上与线下并行不悖，保持管理创新，全面提升宜宾茶的知名度和美誉度。大力扶持川茶集团和川红集团，以茶叶集团为龙头，带动宜宾茶产业发展。组建四川省川茶品牌促进会，依托天府龙芽、工夫红茶等川茶核心品牌，组织企业参加西博会、"万企出国门"等活动，不断扩大早茶品牌国内国际影响力。完善"宜宾早茶"地理标志使用管理方法，对满足条件的加盟者要进行申报备案制度，同时加强动态管理，以保证"宜宾早茶"这一品牌的可持续发展。

二、校企合作，共建平台

(一) 研究院与企业合作

研究院将使用环绕性的产业链对茶叶技术进行提升，包括技术人才引进、管理营销人才队伍的整顿与培训、不断扩充强化人才资源。关注且提升茶产业的各项要素，包括对行业信息进行再调研，以创新前沿为基本标准，制定更完善的品牌战略规划、资产评估计划以及多项目对接、新技术研发等。宜宾农业科技园、企业技术中心、工程技术研究所等高级创新平台和系列示范性技术工程项目，积极吸纳高层次人才，开展富民强县系列活动。"四川省茶业工程技术研究中心"是四川省茶行业唯一的技术共享平台，与国家农业科技园区相辅相成，是宜宾茶产业代表性的科研平台和商业载体。川茶集团作为宜宾茶产业的龙头企业，与各大高校及教学科研机构合作，已经共同承担和完成了数十个省部级产业科技支撑和成果转化项目，获得的各项科技成果及国家授权专利多达 100 项。这些都有助于提升宜宾茶产业的市场竞争力，推进宜宾现代茶业的飞速发展。

（二）校企合作相得益彰

茶类企业和高校合作创新，带动产学研发展。川茶集团与宜宾学院共建川茶学院，有利于将人才培养、科学研究、产业发展紧密结合，为企业解决技术难题，构建发展优质品牌。

宜宾学院是一所综合性本科院校，宜宾学院农林与食品工程学部是根据地方经济社会发展在整合生物科学、农学、茶学、管理学和人文社会科学等多学科的基础上成立的一个综合性二级教学研究单位，是首批四川省教育综合改革试点应用型示范性二级学院和四川省高素质技术型专门人才重要培养基地，是四川省川茶品牌促进会副会长单位、四川省茶叶学会副秘书长单位、宜宾市茶商会会长单位和四川蓝莓产业科技协会副理事长单位。

农林与食品工程学部依托川茶集团，建立了全国茶行业唯一的"国家企业技术中心"、全省茶行业唯一的"四川省茶业工程技术研究中心"、川茶产业技术研究院（省级）和川茶产业商学院，已建成四川省乃至全国茶叶科研与技术开发重要基地。川茶学院与西南大学、四川农业大学、四川省农业科学院、宜宾市农业科学院、宜宾市农业局、川茶集团等 30 余家单位建立了战略合作关系。

宜宾职业技术学院茶叶生产与加工技术专业创办于 1963 年，1998 年该专业被评为四川省优势专业，2007 年被评为校级精品专业。2007 年，被四川省教育厅评为优秀教学单位。2008 年，获得四川省科技厅认证，晋升为四川省茶业工程技术研究中心科技开发与服务分中心。2011 年，该专业成为中央财政的重点支持专业，并成为宜宾市茶商会长单位。茶叶生产与加工技术专业在西部职业技术学院中具有唯一性，在全国同类院校中该专业享有较高声誉。

两所高校的相关专业与以川茶集团为首的茶叶企业深度合作，在人才培养、科学研究、服务地方经济社会等方面取得丰硕成果。

（三）茶文化走进校园

普及茶文化，培育茶人才，从娃娃抓起，政府介入，企业先行，高校协助，在中小学广泛开展茶文化、茶产业、茶养生等知识的普及教育，在中小学开设茶文化相关课程与讲座，为中小学建立茶文化茶种植实践基地，让广大师生成为绿色茶文化的践行者、弘扬者与传播者。这有利于弘扬茶文化，助推绿色宜宾发展。目前已有中山街小学、人民路小学、翠屏棠湖外国语学校等 11 所学校被列入"茶教结合"首批合作试点学校。

三、加快茶旅融合发展

（一）挖掘宜宾茶文化

认真梳理宜宾茶文化的历史脉络，深入挖掘宜宾茶文化的诗词歌赋、故事、民谣等艺术形态，将宜宾本地的茶文化与历史文化资源（如僰人文化、茶马古道）相结合，积极开发以各种品牌茶叶为主的茶文化旅游产品，开展各种关于茶的文化创意活动和创意产业发展活动，如茶叶舞台剧、陈塘关五尺道展示、冠英街川红工夫茶非物质文化遗产馆、茶诗词歌赋吟诵、微电影展播、城区大型茶文化雕塑群和众多茶馆（茶楼）茶艺表演、茶叶品鉴等，重点展示宜宾茶厚重的历史文化内涵，培育壮大宜宾茶文化产业。围绕四川省文化和旅游厅公布的四川省文化旅游宣传新口号"天府三九大（'三'指三星堆，'九'指九寨沟，'大'指大熊猫），安逸走四川"，与"三九大"相关品牌主动合作，加快开发出能代表四川的茶叶文化旅游产品。

（二）打造茶旅综合体

依托"乡村振兴战略示范区（片）"建设，鼓励支持依托茶资源，完善交通基础设施，结合当地自然风光、民族风情、民俗美食等，打造特色茶庄，大力发展茶文化旅游。综合开发产业基地和园区的生态观赏、休闲体验、康养中心、科普文化等综合功能，将生态茶园基地、茶叶现代加工车间打造成为各具特色的茶旅融合示范区和茶文化旅游精品线路，促进茶旅融合发展。重点规划打造翠屏区"天府龙芽·宜宾早茶"现代茶业产业园、天宫山现代茶产业园、高县百里茶廊、屏山县岩门万亩有机茶海、珙县鹿鸣茶海、筠连县川南茶海、高县大雁岭田园—茶园综合体、兴文县九龙山茶业公园、江安县青（峰寺）南（屏）特色早茶—秋茶公园等茶旅休闲基地，扶持打造 5~10 个特色茶叶小镇、10~20 个特色秀美乡村，创新举办丰富多彩的茶旅文化活动，不断提高茶叶与第一、第二、第三产业融合发展的附加值，努力拓宽茶农、茶企的增收渠道。

(三)创建茶文化体验店

积极鼓励县级以上龙头茶企在县内外对传统茶馆、茶庄、茶叶经营店等进行改造升级,创新茶叶产品包装设计,统一标识标牌,丰富茶文化传播内涵,形成独具特色的宜宾茶文化体验店,不断提升宜宾茶业的美誉度和产业综合附加值。

(四)建设茶文化产业园

按照产业集中集聚发展的原则,重点孵化培育一批具有支撑带动作用的龙头企业,在翠屏区、叙州区、江安县等地建立一批宜宾早茶文化创意产业园,因地制宜地生产加工茶食(饮)品、茶生物保健品、茶功能衍生品,创建各具特色的休闲娱乐、观光体验、创新创业等新业态。

四、拓展市场品牌

(一)构建体系

坚持以省级大区域品牌"天府龙芽"为统领,以市级公共品牌"宜宾早茶""川红工夫""屏山炒青"为重点,大力推进"公共品牌+企业品牌+产品品牌"的品牌发展战略,着力构建"名优产品品牌+优势企业品牌+宜宾茶地理标志(证明商标、保护产品)+公共品牌地理证明商标"品牌发展体系。

(二)突出优势

鼓励全市重点精制茶叶企业加强企业品牌建设,形成多层级的品牌体系,提升企业形象。支持茶叶龙头企业注册国际商标,加强品牌的国际化建设,提高企业的国际知名度,增强企业的国际竞争力。不断挖掘宜宾茶文化优势,赋予品牌文化内涵,讲好品牌故事,提升品牌价值。鼓励符合条件的手工制茶的传统技艺申报非物质文化遗产项目,加强对传统技艺的保护、传承和利用。

(三)开拓市场

立足西南市场,稳定国内市场,开拓国际市场。着眼"一带一路"国家市场的营销发展建设,积极参加每年的中国国际茶叶博览会、四川国际茶业博览会等活动,不断创新办好每年的国际(宜宾)茶业年会、中国·宜宾早茶节和

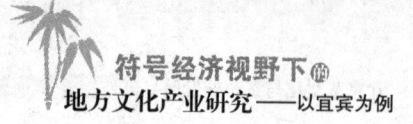

"川红工夫"红茶营销宣传等系列活动,统筹组织全市茶叶企业抱团参加国内外有关大型专业展销会,提升宜宾特色茶品的市场占有率。同时,鼓励支持县(区)开展形式多样的茶旅文化节等宣传推广活动,综合运用传统媒体、新媒体以及高速铁路、高速公路等新兴户内外宣传推广载体,着力传播宜宾茶品牌。

(四)拓宽渠道

线下、线上拓展营销渠道。线下销售重在市内建立茶叶交易市场,支持筠连县、筠连镇川南茶叶交易市场建设,建成全国性的茶产品集散中心,打造国际化茶叶贸易综合体;支持茶叶企业整合营销资源,建立连锁销售旗舰实体店和高档特色茶馆、茶楼;引导茶叶企业与百货、油气、旅游等大型渠道商合作,扩大宜宾茶业覆盖领域。线上销售重在引导茶叶企业联合组建大型电商公司,鼓励社会创办茶叶网店。重点在金秋湖川茶集团科技园区、李庄旅游区、竹海景区、石海景区、五粮液机场、宜宾高铁站等规划建设主体茶叶旅游体验市场,力争在每个县(区)设立一个乃至数个"宜宾早茶"旗舰店。

(五)接轨国际

响应国家"一带一路"倡议,抢抓四川省委、省政府"川货全国行,万企出国门"的政策机遇,鼓励重点茶叶企业积极走出国门,建立国际营销体系,设立贸易公司、分支机构,并投资建厂等。支持创建国际性茶叶品牌,着力发展高层次开放型经济,推进宜宾茶与国际市场有效接轨,扩大宜宾茶的出口份额。

五、提升科技创新支撑力度

品质安全是宜宾茶品牌的基础,科技支撑是宜宾茶品牌竞争力的直接源泉。科学技术创新涉及茶产业主链条和衍生、关联产业。从宜宾茶产业当前所处的发展阶段来看,技术创新要把握六个关键环节:一是品种改良,改良的动力来自市场消费的升级换代,主要方法是本地品种加持现代科技、优良品种引进和适应性选育;二是茶叶种植管理环节引入技术创新,涉及茶园的生态化改造、标准化种植模式、现代化管理模式等方面需要进行创新;三是在加工环节进行技术革新,将现代科技与传统工艺融合,开发新型茶叶加工技术;四是开发新产品,将茶叶进行更精细深入的加工与开发,如茶原料产品及衍生品、茶叶与其他的融合型产品等；五是包装技术创新，如茶与竹结合的竹包装工艺装潢、包装外观（色彩、造型、质材）创意等；六是引入智能化创新，主要有茶叶品种繁育、种植管理全程智能化，茶叶及其衍生品加工的智能化，茶叶全程质量安全管控的智能化，茶叶产品营销的电商业态培育，茶叶全程数据的收集、整理和增值性开发运用等。

总之，未来宜宾茶产业发展将坚持市场导向、创新驱动、绿色发展、质量至上原则，建设优质早茶生产基地、名优红茶生产基地、茶叶生态康养基地，创建中国优质早茶强市、中国优质工夫红茶大市、四川省现代茶产业第一强市，相信在5~10年内，宜宾茶将变成海内外知名品牌，并成为宜宾市乃至四川省的城市文化名片。

第四节　茶生态文化保护与开发
——以宜宾国家农业科技园区为例

2013年9月，经国家科技部正式批准，成立宜宾国家农业科技园，园区落户"中国酒都""中国早茶之乡"四川省宜宾金秋湖区域。宜宾是川、黔、滇、渝四省（市）结合部，处长江经济带上、成渝经济区内，在中国白酒"金三角"中心位置，在历史上是南方丝绸之路的起点，是茶马古道上的重要驿站。园区距离宜宾城区14公里，距离五粮液机场34公里，距离宜宾高铁站41公里，距离长江集装箱码头19公里，接壤岷江新区，内宜高速穿园而过。园区内金秋湖水域面积2平方公里。宜宾属于亚热带湿润季风气候区，是中国早茶重要产区。园区内湖光山色，曲径通幽，生态优美，环境怡人，2004年就被列入国家级生态示范区。园区具备了生态农业科技园建设最优条件。

园区以茶产业为主要特色，带动其他相关产业共同发展，全力推进第一、第二、第三产业融合发展，强化绿色发展，实行产学研、贸工农相结合，大力推动康养业、休闲观光旅游业发展。

园区核心区面积28平方公里，园区结构分为一轴、三区、四园：一轴为金秋大道景观轴，三区为科研总部、交易展示区、精深加工区，四园为茶叶科技文化实验园、金秋湖公园、林竹复合经济实验园、特色果蔬定制农业园。

一轴：金秋大道景观轴宽26米，双向6车道，贯穿园区南北，连接科研总部、交易展示区和深精加工区。

三区：科研总部，面积约为3537亩，包括服务区、企业总部、企业孵化器、湖心岛专家公寓等；交易展示区规划面积约为1299亩，包括中国西部茶品交易中心、电子商务区域、景区服务中心等；深精加工区面积约为9012亩，包括绿色食品加工区、农业生产加工区等。

四园：茶叶科技文化实验园面积约为16130亩，以"规模、标准、生态、文化"四位一体形式呈现科技、农业、文化融合发展态势。金秋湖公园面积约为3307亩，分为北湖与南湖区域，北面主要呈现主题风情公园，南面呈现生态农业园。金秋湖公园具有"恬静、清静、雅静、幽静、怡静"等养生特点，湖光山色，鸟语花香，茶香怡人。林竹复合经济实验园面积约为2868亩，围绕生态屏障功能，实现"林业+农业+休闲"的复合经济发展。特色果蔬定制农业园面积约为6200亩，具有机种植、农场欢乐体验、安全配送到家等功能，开发农业定制产业，倡导健康有机生活。

科技园区以科技为主题抓产业发展，园区内有国家级龙头企业、省级龙头企业、市级龙头企业，由企业主导的技术研发中心及创新工作站，园区产业基本定位于发展茶产业、油茶业、花卉业、林竹业等，涵盖第一、第二、第三产业。截至2018年，宜宾国家农业科技园区入驻企业90家，实现产值51.8亿元，带动农户年人均增收5116元。

科技园区已经与中国农业科学院茶叶研究所、四川省农业科学院、宜宾市农业科学院、宜宾市林业科学研究院、同济大学、四川农业大学、宜宾学院、宜宾职业技术学院等科研机构和高校形成了全方位合作关系，构建了"国—省—市"三级科技支撑体系。园区聚集了各类科技成果、专利100多项。园区以川茶集团为代表，研发核心技术，辐射示范宜宾市8县2区。

一、科技园茶文化生态旅游发展SWOT分析

（一）优势（Strengths）

1. 交通优势突出

科技园位于邱场、金坪和明威三个乡镇之间，紧邻金沙江，毗邻多条高速交通干线，连通宜泸高速、内宜高速、乐宜高速、渝昆高速等，距离高铁站、飞机场较近，水陆空交通十分便利。可将全市主要文化和生态旅游景点连接起来，开发相关旅游线路。

2. 气候条件得天独厚

金秋湖地区属于典型的亚热带季风气候，夏季高温多雨，冬季温和少雨，

四季分明。从降雨量、日照时数、无霜期这些因素看，特别适宜茶树的生长，有利于产出优质、安全的茶叶产品。优越的气候条件为生态茶园建设奠定了基础。

3. 资源优势明显

拥有完善、标准化生产线的茶博园，"三区四园"的配套建设，带来资源的整合优势。先进的茶加工、储存设备，美味的茶饮食和精英的茶团队等资源，成为开展茶文化旅游的优势条件。

金秋湖湖区周围有独特的砂质土壤，土质优良疏松、土层厚实，特别适合茶树种植。湖区周围以丹霞地貌特征的山地丘陵为主，种植有大量的松、杉、油樟和竹，生态植被丰富。金秋湖自然资源丰富，为科技园生态旅游开发奠定了优越基础。

(二) 劣势（Weaknesses）

1. 茶园产茶量低，观赏性不强

科技园的茶树种植示范园和专用原料基地茶园是园区茶叶加工的主要原料来源，但据调查发现，两种类型茶园的茶树整体生长状态不太好，茶产量较低。

种植示范园归园区直接管理，进行统一施肥、用药和田间管理，也是游客观光的主要区域，但是由于无机化肥用得过多，土壤的酸碱平衡被破坏，茶树生长环境恶化，茶产量降低。部分茶园管理由园区周边农民负责，由于他们缺乏种茶专业知识，对茶树用药时未严格按照用药标准配制，仅凭种植经验操作，导致土壤活力降低，影响茶树生长。

科技园周边的邱场镇、金坪镇和明威乡是园区的专用原料基地，也是游客次观光区。尽管近几年茶园的开垦和种植规模有所扩大，但由于根深蒂固的农耕思想，一些农民不愿意将自家的农田和土地变耕种植茶叶，导致茶园种植规模推进缓慢，种植面积成了制约茶产量的客观因素。另外，农村大部分中青年都在外务工，导致采茶劳动力不足。种茶的农民多为老年人，科学管理意识薄弱。优质茶园的缺乏不但减少了产茶量，茶园的观赏性也大大减弱，进而减少了对游客的吸引力。

2. 茶文化内涵的挖掘、展示与宣传不够充分

文化是软实力，经济发展，文化先行。园区仿古建筑城的大厅里放着一批老式制茶机、揉茶机和新式揉捻茶机，但陈列物较少，且对其介绍不够详细，游客不能完全了解茶文化的历史知识。此外，大厅里饮茶器具和以茶为原料的

商品种类单一、数量较少，不能很好地满足游客观赏和购物的意愿。

依托金秋湖风景区举办的以茶为主题的文化活动偏少，也是导致园区知名度不高的原因之一。

3. 金秋湖库区生态旅游有待进一步开发

水库旅游是以水库丰富的水资源、水生生物资源、人工建筑物群和库区周围良好的自然生态环境、生态景观以及人文景观为旅游吸引物的一种旅游形式。金秋湖水库自2005年建成交付使用后，就一直处在生态旅游基地的建设中，初具规模，有待进一步开发。

其一，基础设施有待完善。通往金秋湖大坝只有一条道路，且大部分都为土路，其余一些进入湖区或沿湖而行的小路有待修缮。在离大坝不远处的道路旁，公厕还需要维护。在金秋湖整个水域内，只有连心桥和同心桥两座桥梁，出行几乎都是以坐船的方式，这给容易晕船的游客带来了不便。

其二，缺少特色农家乐、农家旅店。金秋湖仅有的几家农家乐无论从菜肴种类还是装饰效果来看都缺乏特色，没有很好地利用科技园的茶文化资源打造出具有地域性特色的现代化农家乐。各农家乐之间由于缺少统一管理，常常陷入价格战，长此以往，形成恶性循环。此外，在湖岸边还修建有一批风格单一、样式古板的农家旅店，对游客吸引力不大，致使旅店的入住使用率低。

其三，生态旅游娱乐项目少。进入湖区的游客可以在船上欣赏湖光山色，或打牌下棋，或垂钓品茗，但缺少其他水上娱乐项目和娱乐设施。湖边宽广、茂密的树林，没有开发为譬如寻宝、露营等娱乐项目。总之，金秋湖的山水资源整体利用率还有待提升，娱乐项目还需要增多，才能满足不同旅游者的需求，才有利于金秋湖园区生态旅游市场的扩大。

（三）机遇（Opportunities）

1. 政策支持

四川是全国产茶大省，省委、省政府高度重视茶产业发展，把川茶作为四川十大特色种植业来发展。2013年，在四川省委、省政府的支持下，以叙府茶叶公司为基础的川茶集团正式组建成立。

宜宾在省政府的带动下，到2021年，全市建成优质茶园基地130万亩，干茶年产量达10万吨，茶产业年综合产值达300亿元以上；建设一批绿色有机现代茶叶产业园区；新培育农业产业化国家级龙头企业1家、省级龙头企业3家、市级龙头企业5家，形成"一都、两区、三基地、四核、五园"的发展新格局。

翠屏区委、区政府也提出打造"北域早茶之乡"的口号,将金秋湖与宜宾国家农业科技园区共同开发,打造成为名副其实的全国农业旅游示范点和集品茗、垂钓、游湖等休闲观光模式于一体的城乡近郊旅游基地。

2. 实施"川茶"战略

宜宾国家农业科技园区拥有"国家认定企业技术中心"、川茶产业商学院、川茶产业技术研究院等科研单位,为茶产业创新发展提供了良好平台。同时,园区与西南大学、四川农业大学、农业机械研究所等单位保持紧密联系,为川茶集团实施以科技创新为驱动的战略保驾护航。

川茶集团以品牌打造为战略目标,在传承中国六大茶类工艺的基础上,提出了"6+X"大型品牌创设构想,创新了推广模式。品牌包括茶类(绿茶、黄茶、红茶、白茶、青茶、黑茶)以及衍生新品:茶食品、花茶、优黑优红等,这是川茶集团实现从"叙府龙芽"到"天府龙芽"品牌战略转变与打造的具体表现。

3. 茶生态旅游发展前景广阔

旅游已成为人们的一种生活方式,但是单一观景式旅游方式已经不能满足人们对美好生活的诉求,人们需要层次更丰富、印象更深刻的体验式旅游。随着新娱乐业的蓬勃发展,功能电子数据化、虚拟/现实体验化、互动游戏化的理念将扩展到旅游业当中。传统的、常规的自然风光游览将不再占据旅游体验的主体,充满想象力的模拟探险体验、主题文化自然公园等贯穿始终的主题构想将成为新的旅游要素。旅游休闲文化中丰富性、可选择性的标识将为受众带来更丰富的体验,同时也降低了单一旅行模式带来的疲乏感。

茶文化生态旅游正是在现代化旅游观念中诞生的一种具有吸引力的文化旅游方式。将茶文化旅游和生态旅游二者结合的旅游方式,能让游客在传统观光游的基础上感受博大精深的茶文化知识,进行有文化意义的深度旅游。

(四)威胁(Threats)

1. 生态环境有恶化趋势

随着茶生态旅游的发展和宜宾国家农业科技园的知名度越来越大,每年到园区旅游的游客不断增加,在带来旅游收入的同时,也给科技园区的生态环境带来了压力。一些游客在游览科技园、茶园和湖区时,随意将垃圾扔在地面和湖面上,使科技园区所属地域生态遭到了破坏,导致水质恶化、浮藻猛增、鱼类缺氧死亡等。周边居民的生活垃圾、污水排放未经科学处理,也对水源造成了严重的污染,进而影响周边植被。

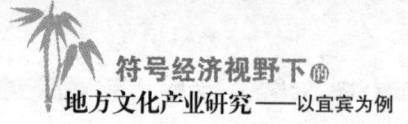

2. 茶文化旅游市场竞争激烈

近年来，各地争相推出茶文化旅游，这给科技园的旅游发展带来了较大的市场竞争压力。

四川省乐山市夹江县天福观光茶园位于成乐高速夹江天福服务区，占地近400亩，现已建设成为集茶种植、茶叶科研、茶博物馆、茶道表演、茶叶加工、茶食品加工、销售、餐饮、停车、加油、旅游观光于一体的综合性农业旅游基地；每年游客量达到50万人，年销售额在6000万元左右。昭君故里湖北省宜昌市兴山县茶园地处武陵山、秦巴山区，是三峡库区优质绿茶板块基地，茶叶面积达到4.58万亩。初唐时期，兴山茶叶已成为贡品。

宜宾国家农业科技园茶生态旅游的发展在面临省内市场竞争的同时，也面临全国同行业带来的压力。

3. 旅游产品少，销售市场狭窄

在宜宾国家农业科技园的销售厅里，茶产品种类、数量较少，包装较为单一，不能满足游客的购买需求，长此以往，必将影响科技园茶生态旅游市场的建设和发展。

对知名产品的推广方式较少，影响了茶叶销售市场的扩大和茶生态旅游市场的扩张，也窄化了科技园茶生态旅游宣传的渠道。

二、生态旅游开发战略分析

政策的大力支持，突出的交通、气候区位优势以及丰富的茶文化和自然资源，为在生态旅游视域下对四川宜宾国家农业科技园区的茶文化资源进行调查保护与开发提供了条件。当前园区的茶文化资源和湖区的保护与开发还存在不足之处，初步建成的茶生态旅游市场还需要进一步发展，需要制订细致而全面综合的发展规划，选择合理的战略，采取有效的行动和措施，解决相应问题，促进茶生态旅游市场的建设和发展。

（一）SO战略

利用区位优势，抓住机会，大力发展茶生态旅游。在原有便捷交通的基础上，加快金秋大道景观轴的建设步伐，将科技园主要资源串联起来，形成整体效应。此外，稳步推进茶业科技文化实验园的建设，构建邱场镇、金坪镇及明威乡三地联动模式，形成十万亩规模化早茶种植基地，同时汇聚全国乃至全球茶叶种苗与茶树，打造世界茶树品种比较园，突显园区以茶为特色的发展主题，引领茶园主体化开发，形成以茶园观光、茶文化体验等为核心的茶主题休闲旅游产品。

科技园以茶为特色，形成林竹、花卉、果蔬三位一体地方特色，带动农业园区第一、第二、第三产业的高效联动发展，建设绿色生态型国家农业科技园区和农业科技型休闲旅游区，使园区茶文化生态旅游获得长足发展。

（二）ST 战略

1. 合理开发湖区资源，提高整体效益

各级政府出台相关政策，划拨专项资金，合理有序地开发金秋湖丰富的山水资源，进一步加快湖区生态旅游市场建设的步伐。除了保留湖区原来的生态旅游娱乐项目，还要充分利用水资源开发更多水上娱乐项目，如在湖区专门划出一片水域，开辟赛艇、皮划艇、水上渡筏等活动，丰富水上娱乐项目。湖区山林资源也极具开发价值。繁盛的树木、优美的自然风光、清新怡人的空气，利用这些资源开发特色野外活动，如定向越野、定向寻宝、穿越丛林和野外露营等。在山间水边修建具有茶文化特色的休闲建筑，如茶馆和茶亭，让游客可以在此喝茶休闲，增添情趣。对于已有的农家乐和农家旅店，可在装饰和图案等方面体现茶文化主题特色，如在门庭或石柱上悬挂以茶事为内容的对联，在室内悬挂与茶有关的图画等。

在餐饮方面，研发或引进以茶为主题且具有地域特色的菜肴。在管理方面，加强各农家乐和旅店间的联系与交流，使之形成合力，吸引更多游客前来旅游。

金秋湖园区概念众多，是蓬勃发展中的茶主题生态旅游产业载体，在把生态资源优势变为现实经济优势的同时，一定要走绿色环保的可持续发展道路。

2. 科技兴茶，加强销售宣传

科技创新是推动川茶集团向前发展的灵魂，是打造高端茶叶品牌的有效方法。天府茶叶想要获得市场竞争优势，就要充分利用科技园所拥有的技术，结合叙府茶叶的理化性质和特色名优茶产品的特点，研发出真正适合叙府茶叶加工的成套机械设备，使茶叶得到标准化、自动化、智能化、清洁化的加工，以开发和推广更多新产品、新技术，提高科技园区的科技开发和创新能力。拥有广阔的市场对叙府茶叶的销售和宣传至关重要，因此建议川茶集团在市政府的支持下，尽快加大建设宜宾市现代化茶叶专业市场力度，为外地客商与当地企业沟通、交易和宣传茶文化，特别是早茶文化提供重要的现代化平台，扩大天府茶叶的销售和宣传渠道。此外，川茶集团可根据市场情况，在全国各省市建立更多叙府茶叶销售旗舰店并辅之以各具特色的文化活动，形成覆盖全国的销售网，提高天府茶叶的市场份额和占有率。如今，网购已成为新的消费趋势，川茶集团除了建立实体店，还要充分利用网络资源，建立网络旗舰店进行销售。丰富四川宜宾国家农业科技园区内容，将网站建设成主要外宣窗口，而不仅仅是办公工具。将科技园的生态茶园、销售产品和湖区风光进行整体介绍，图文并茂、声像结合地开展主播带货、诗词歌赋比赛、历史文化讲解等活动，向大众传播中华茶文化，不断培养新的客户群体。

还要重视传统媒体的宣传和传播作用，如持续在四川卫视、宜宾电视台等媒体播放四川宜宾国家农业科技园区茶生态旅游的专题宣传片，在报纸、杂志、广告牌等平面媒体上推送美文以传播、提升园区的美誉度和知名度。为来园区旅游的游客做好宣传手册，如印制科技园和茶园及湖区的宣传手册，编撰具有宜宾地域特色的《茶典》《茶诗词选》等茶文化手册，强化文化宣传。

组织各种活动进行宣传，借"韩国首尔国际食品产业大展""中国国际茶业博览会"等展会，宣传以天府茶叶为代表的"宜宾早茶""宜宾红茶""宜宾绿茶"，提高品牌知名度，为天府茶叶科学、生态、和谐发展，走出国门提供可行之路；可以组织类似"六一"茶山亲子游等活动，向中小学生宣传和普及中国悠久深厚的茶文化，从而提升科技园的知名度与美誉度。

（三）WO 战略

积极鼓励、引导、支持农村土地流转，扩大茶园的种植规模，建设更多的现代化茶园，加快观光茶园建设。借鉴河南信阳茶园的运营策略，以原生态的秀丽风光洗涤城市生活所带来的浮躁，以林间纯净的空气唤起人们对于大自然的渴望，打造集旅游、购物、学习于一体的观光茶园。游客可以观景、品茶、体验制茶、欣赏采茶表演、猜茶迷、唱茶歌、听茶戏、吃茶宴、购茶叶等，让科技园区的茶叶香飘万里。

（四）WT 战略

挖掘茶文化内涵，加大旅游商品开发。宜宾种茶历史源远流长，科技园应该紧紧抓住"文化牌"，充分结合地方文化，尽量与大众审美相贴合，丰富展厅物品，增加更多古老饮茶、制茶工具，整理传播茶文、茶诗、茶歌，增加茶文化的历史厚重感，让游客在玩的过程中对茶文化产生高度认同的情感。

构建茶竹结合的新业态。科技园可与宜宾市江安县竹雕公司合作，利用其精湛高超的竹雕工艺，雕刻出形态丰富的精美的茶罐（盒）、茶壶、茶杯、茶盘作为文化创意产品推向市场,满足游客购物需求。

声画结合,将茶产品和茶文化用声音、文字、图像的方式呈现给游客,还可以播放茶保健养生视频,让游客学习茶叶和茶文化知识。

互动结合,舞台表演与游客互动,让游客参与茶歌、茶舞、茶剧表演,朗诵茶诗、茶文,使游客在沟通与交互中感受到茶文化所带来的精神活力与无穷魅力,成为茶文化的见证者、参与者、传播者。

三、总结与思考

在生态旅游视域下,四川宜宾国家农业科技园区茶产业与茶文化的发展要树立"园、湖"相互依托、相互支撑的观念,倡导"园、湖"一体化保护开发策略。同时,应加强对科技园的建设,与其相关的配套服务包括观光游览、文艺品茗、度假住宿、餐饮娱乐、商业购物、会务服务等。完成园区功能整合,提升文化展示能力,将茶文化作为整个文化园区所围绕的主题,体现中国化、本土化、现代化、大众化、审美化、国际化的产业特征。将科技园区打造成为宜宾乃至四川省知名的茶文化、茶种植、茶体验、茶科技、茶旅游等多维一体的茶业综合性园区。

第六章　宜宾饮食文化与饮食产业发展

饮食文化是各地民俗文化中的重要内容。历史轮回，朝代更替，传统饮食文化并未因此而消失，而是代代相传。国家之间、民族之间、地区之间，形成了一个个相对闭合的饮食文化体系。正所谓一方水土养一方人，一方水土造就一方人。宜宾饮食文化多姿多彩，独具地方风味。在打造宜宾饮食文化品牌的过程中，应该以人为本，以美为求，切实做到食材美、色彩美、造型美、口感美、文化美、命名美。饮食产业往往与旅游业紧密相连，饮食与旅游的结合是文化旅游融合的重要方面。打造独具特色的宜宾文化美食产业链，对于实现宜宾旅游业的跨越式发展具有十分重要的推动和支撑作用。

第一节　宜宾饮食概况

一、位置优越，物产丰富

宜宾位处川、滇、黔、渝四省（市）结合部，居于西南腹地。作为长江上游的重要港口，宜宾历史悠久，三江环绕，土地肥沃，气候温润，热量丰足，雨量充沛，物产丰富。盆地浅丘，四季常青，盛产各类蔬菜和姜、葱、蒜等佐料；深丘山岳之地多产菌、笋、果、山珍、野味和各类名贵食药材；600余条大小河流纵横分布，出产鲫、鲤、鲟、鲇等46种鱼类，宜宾的各种美食及名优土特产和调味品辐射川南各地，为宜宾饮食产业发展提供了独特而丰厚的物质基础。

二、味型多样，品种齐全

鲁菜、川菜、粤菜、淮扬菜，这是中国传统的四大菜系，川菜在传统菜系中占有重要地位。川菜以麻、辣、香出名，食客们口中流传着这样一句话形容川菜："一菜一格，百菜百味。"据统计，川菜公认的味型有23种，加上后来借鉴其他菜系味型后的创新味型共有40余种。[①] 在具备川菜特点的基础上，宜宾菜肴形成了菜路广泛、佐料多样、选料讲究、做工精细的特色，做菜时重用辣椒、胡椒、糖醋、蒜泥、花椒和鲜姜调味，形成干烧、鱼香、怪味、椒麻、红油、姜汁、糖醋、荔枝、蒜泥等复合味型，风味独特。烹调方法大致有炒、滑、熘、爆、煸、炸、煮、煨等，小炒、小煎、干煸和干烧的民间菜式以麻、辣、鲜、香、油大、味厚为特点，味型和品种尤为独到，从三蒸九扣到小吃，菜品繁多，花式新颖，做工精细。

宜宾地区四季分明，秋冬之际，寒风凛冽，故而宜宾人比较喜欢偏辣的食品。另外，宜宾聚集四方居民，故而亦喜复合味型，滋味浓、厚、广也是其常见特色。得益于宜宾的天然环境，江河、山野有诸多优质食材，三江交汇，河鲜味美，万竿青竹带来丰富多彩的全竹宴，令人目不暇接。薄、嫩、软、香的李庄白肉，光是刀工就足以令人震惊，多少人慕名而来。芽菜、扣肉，各有佳处，和则双美，肥而不腻，吃后唇齿留香。最值得一提的是宜宾的面食，口味形态多达30余种，而其中又以燃面最为出名。"川南名肴"沙河豆腐，精选优质大豆，搭配天然水质，独家制作工艺，色泽亮美，口味独特，食材鲜美，类型丰富多样。著名的沙河豆腐宴，满桌皆是豆制美味佳肴，色彩、味道、形态丰富多彩，令人印象深刻。

三、历史悠久，文化深厚

可考的历史资料显示，秦时已在宜宾设县，秦之前已经有先民在这些地方从事生产劳动了。汉代设置郡县，就整个西南地区来说，宜宾是较早设置郡县的城市。宜宾菜肴，因其地处长江之头，承接大江文化，在守正中见奇特、平凡中见大气，是川菜龙头老大之大河帮的发源地。经清初"移民填川"和抗战迁徙，宜宾吸纳了各地移民的饮食风俗，经过不断完善发展，已经沿袭了200

---

① 闫丽、漆秋香、蒋建华：《最时尚的文化》，黄山书社，2005年，第209页。

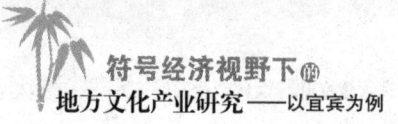

多年。

以五粮液为龙头的宜宾美酒，历史悠久，内涵深厚。五粮液的酿造工艺堪称世界一绝，其历史可以追溯到春秋战国时期的天然"树头酒"；秦汉、三国时发展为人工酿造的"果酒"；东晋、南北朝时精制为蒸馏"清酒""匝酒"；唐代、北宋发展为人工曲酿蒸馏曲酒"重碧酒""姚子雪曲"。几千年的酿酒加工历史造就了名扬中外的"五粮液"。宜宾种茶、制茶历史悠久，据县志记载，珙县曹营乡原产鹿鸣茶，在明代时期就被选列为贡茶。竹海所产竹荪及竹荪宴，源于战国时期，古为宫廷御膳，今为国宴珍馐。"洛表猪儿粑"传说源于僰人首领哈大王时期。

一个地区的饮食文化与当地的历史地理、风土人情联系密切。宜宾属于亚热带季风性湿润气候，这里山清水秀，物产丰富，风景宜人，聚居民族众多，种种因素造就了宜宾的饮食文化："无酒不宜宾"叙说了宜宾酒文化历史的悠久；河鲜宴、全竹宴、豆腐宴、乌鸡宴和苗家宴展现了宜宾人丰富的想象力；传统的"九大碗"见证了餐桌上的繁华；宜宾燃面、红桥猪儿粑、双河凉糕、兴文刘抄手、筠连水粉、何氏鸭儿粑、李庄白肉等可口怡人的名小吃震撼人们的味蕾；30多种不同口味的面条，显示出宜宾人的聪明智慧。

第二节 宜宾传统特色菜肴

一、九大碗

"九大碗"是宜宾传统饮食的一道风景线。清代以来，宜宾民间不管是婚丧嫁娶、孩子满月、老人祝寿，还是修房建屋，招待客人的经典席面都是置办九种荤菜宴客，俗称"九大碗"或"九斗碗"。20世纪90年代，改革开放的春风吹来，国家发展速度加快，人民的生活水平日益提高，"九大碗"的内涵随之发生变化。以前的主菜是猪肉，后来则扩展到其他禽类，样式变得十分丰富，"九碗"已经不能完全概括桌上的菜品数量了，其数量已经翻了几倍。

如果细分，四川菜有五大流派，其中"九大碗"是典型的大河帮菜，其辣不似重庆帮菜，略咸于成都帮菜。地道的"九大碗"以猪肉为主料，配菜选取竹笋、魔芋、芽菜等。由于以前物资极度匮乏，寻常人家很难吃上猪肉，因此"九大碗"代表的不仅是主人家的阔绰和面子，客人也把这看成是最高礼遇。

后来人们习惯把参加宴席叫作吃"九大碗",凡乡亲邻里家有红白喜事,必然邀请当地善于烹饪的大厨办席。

"九大碗"也有主次之分,主菜有头碗、扣肉、杂扣、夹沙肉、丸子、酥肉等。蒸头碗最常用酥肉丸子,丸子炸好之后放在头碗中上席,搭配蔬菜如豌豆尖等,色香味俱全,尤其是寒冷的冬天,热腾腾的头碗放在小火炉上,更见主人热情,宾主尽欢。扣肉主要指烧白,肥而不腻,入口即化;杂扣也叫粉蒸肉。三道主菜相互搭配,另外,猪的内脏也可凑成一味,其他的配菜则因时制宜,可以是海带、粉条,可以是竹笋、红薯,相杂合成九碗。"九大碗"的排场根据举办人家的经济情况有不同叫法。一般人家常常会去掉最后上桌的那一道,称为"水八碗";家道殷实者,为了突显宴会的档次,往往还会将竹笋、海参、蹄筋等制成其他美味佳肴,令人垂涎欲滴。

二、李庄白肉

李庄白肉全名为"李庄刀口蒜泥白肉",传说始于武王伐纣,有三千多年历史,是李庄的传统美食。其选用皮薄肉嫩、肥瘦比例恰当的猪肉,加以多种酱料制成,有清香爽口、肥而不腻等特点。与其他水煮肉不同的是,它选料精、火候准、刀工绝、调料香。

李庄白肉选的食材是优质瘦肉型杂交长白猪,肉质鲜嫩,肥瘦得当,吃起来不腻,味道鲜美。猪宰杀后分为两片,带脊、尾者为硬边,不带者为软边。软边的后腿肉分正头刀(俗称坐墩儿)、二头刀、正二刀,再往下,统称腿子肉。李庄白肉选软边正二刀为用。超过200公斤的猪因皮松肉弛故不用。

火候很关键,太软,肉皮会跟随刀口乱走,与肉分离;太硬,肉会失其嫩。一般情况下,煮白肉的时候,水温需要保持在90℃左右,在煮的过程中,需用竹签经常刺肉,以使肉的内外受热均匀。

猪肉煮熟后放进凉开水中冷却,然后捞起放在早已铺好毛巾的案板上,待水稍干,厨师便拿专用刀具切肉。李庄白肉最重刀工。李庄白肉之所以名扬天下,与它的刀工是分不开的。运刀诀窍:一是手要平、刀要平,左手躺按于肉上,绝不能拱起,否则肉会随刀跑走;二是力道适当,右手操刀,匀用腕力,巧用指力,不急不缓,同时左手手指轻压于肉片与刀口之上,时时感觉运刀是否平整,肉片的厚薄是否均匀,以便调整运刀力度与斜度。最难在首尾:上刀之时,肉片易厚;收刀之际,肉片易薄。只有相当娴熟的刀工才能将1000克猪肉切出50多片厚薄均匀的白肉片,而且保证每片猪肉是完整的,才能算得

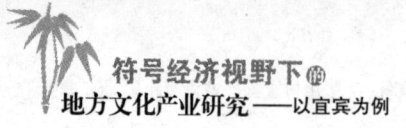

上是一盘精致完美的白肉。白肉的厚薄程度不只是追求外形美,而且也会影响口感,切白肉要薄,吃起来才肥而不腻,入口即化,回味无穷。

李庄白肉的调料少不了辣椒和蒜泥。用生抽将蒜泥、辣椒面等调和在一起,即成鲜香麻辣的调味汁。喜欢甜味的,可加少许白糖;喜欢酸味的,可酌情加醋,酸香麻辣,味道鲜美。①

关于李庄白肉的来历,学术界认为李庄白肉最早是由僰人研制发明的一道美食。李庄白肉因其肉片薄而长,且用一支筷子裹而食之,名"李庄蒜泥裹肉"。抗战时期,内迁李庄的文人觉得该名欠雅,于是美其名曰"李庄白肉"。后来这个名字流传开来,成了川南一道名菜。尽管名称改变,但吃白肉一定要将一整片肉裹在筷子上蘸酱而吃的食用方式没变,因为只有这样才能充分体会肉和酱的味道。刚刚入口,蒜香充盈口腔,调动饮食欲望,稍感辣味,慢慢细嚼,姜葱蒜、麻辣鲜,百味涌动于舌尖。

三、臭千张

臭千张为清咸丰八年(1858年)宜宾城内一杜姓人家发明。其风味独特,在全国豆制食品中独树一帜。所谓"臭",即是香味、鲜味、酶味、发酵味综合的独特味道。其营养丰富,食法多样,荤素相宜。食时,可切成细条,与牛肉片一起煮汤,称"牛肉连锅汤";或炒回锅肉,配以蒜苗等佐料,称"千张回锅肉";或与红萝卜配花椒、海椒、白糖一起烧焖,起锅时加蒜苗、味精,称"千张烧萝卜",香味扑鼻,鲜美可口。②

臭千张以黄豆为原料,经水发磨浆、烧浆、点卤、摊皮、去卤等工序,最后经卷筒发酵而成。其实臭千张的臭并非恶臭,而是豆制品经发酵形成醇、醛、酮、酸等物,散发出一种特别的味道。由它烹制的菜肴,闻着臭,吃着香,醇厚鲜美,营养价值高,被人们称为"素鸡肉"。

四、高县土火锅和沙河豆腐

明末清初,川黔交界一带就有"砂锅当年饭"的习俗。高县人祖辈制作的"土火锅",就是由传统的土砂锅发展演变而来的。"土火锅",重在锅的制作工

---

① 梦芝:《舌尖上的中国·古镇篇》,中国轻工业出版社,2014年,第176~177页。
② 彭卿云:《中国历史文化名城词典(续编)》,上海辞书出版社,1997年,第886页。

艺，烧制这样一口土砂锅工序较为复杂。首先，要选取精致而有黏性的黄泥土，民间又叫作底板泥。这类泥土需要到深山野洞中挖取，挖出后放置，待变为柔软的细粒后，与沙拌和成生料，再经搅拌、踩打制成熟料。其次，将熟料铸造成锅体，然后加以烧制、烘烤，再经过几道工序便可初步成型。当然，火候的把握，泥土的比例，都会影响土锅的质量。

高县符江畔物产丰富，这里的笋子鲜嫩、菌子清香、木耳爽口、黄花菜娇嫩，古时生长在这个地方的僰人就近选取泥沙制成砂锅，汇集粉条、土豆、豆腐等于一锅，是冬日家庭聚会、宴请宾客的首选之品。

高县沙河镇是沙河豆腐的出产地，因其地而出名。沙河豆腐起源于1946年，是川南名菜。因当地优质的水资源和独特的制作工艺，沙河豆腐具有嫩、纯、软、香的特点，可以做出形状各异、特色鲜明的美味佳肴，其全豆腐宴久负盛名。

沙河人喜欢做豆腐、吃豆腐，做法很多，但没有形成自己的特色菜系。直到20世纪70年代后期，沙河人侯永宽对沙河豆腐做了改良，才使沙河豆腐成为菜系得到推广。如今，沙河豆腐享誉全国。嫩、鲜是一切优质豆腐的必备要素，而沙河豆腐有麻、辣、酥、烫的特色，因此形成系列品种，有200多种菜式，故此沙河享有"豆腐之城"的美誉。

五、兴文鸡丝豆腐脑和乌骨鸡宴

鸡丝豆腐脑和乌骨鸡宴是宜宾兴文县的特色菜肴。20世纪30年代，鸡丝豆腐脑经由宜宾"嘉乐宜"经营，至今已有八十多年历史。将黄豆浆过滤去渣后烧开，倒入缸里轻轻搅拌，缸里盛满一定比例石膏水，豆浆在石膏作用下逐渐形成豆腐脑。食用时，再加入金钩、墨鱼、鸡丝等佐料，鸡丝豆腐脑就完美地制作出来了。其色鲜味美、香气扑鼻、入口即化、回味无穷、老少皆宜。

兴文县空气质量上佳，山水环抱，环境优美。由于其得天独厚的条件，乌骨鸡质量优良，肉质鲜嫩多汁、香味浓郁。兴文乌骨鸡饲养历史悠久，据《兴文县志》记载，宜宾出土文物中有陶鸡等，兴文乌骨鸡有1000多年的历史。兴文乌骨鸡以黑羽为主，经长时间的选育和封锁繁殖形成了特殊的肉药兼用型地方鸡种。用乌鸡作为原料，加上竹笋、板栗、山药、药膳等可以烹制出二十余种口味各异、肉质鲜美的食物，谓之"乌鸡宴"，其中以花仁鸡丁、口蘑胗花、酸辣青笋鸡丝、蘸水凤爪、大蒜土鸡、香葱炒凤衣、蛋包鸡球、龙穿凤翅、苗家烤土鸡、雀巢鸡球、浓汤竹笋炖土鸡、桃油鸡肾等菜肴组成的乌鸡全席宴最负盛名。

六、怪味鸡

何谓怪味鸡之怪？这与它所体现出的味道紧密相关。众所周知，四川地区的传统口味偏向于麻辣，但是怪味鸡在这两种味道的基础上，兼具酸甜味，给人们带来别样的味觉感受，因此被称为"怪味鸡"。叙府名菜宜宾怪味鸡，在众多怪味鸡中独树一帜，距今已有近百年历史，是巴蜀地区一道常见的凉菜。民国初年，掌握了嘉阳怪味鸡做法的宜宾人民根据地方民众的口味习惯，创制出了宜宾本地的怪味鸡。其制作步骤：选用白皮仔公鸡（刚打鸣的公鸡），宰杀前灌入半匙美酒，杀后去毛洗净，从腹后部剖开一孔，取出内脏，再将鸡腿用麻绳绑紧，放入温水中慢煮，并不断往锅内加入冷水，使水慢慢微开，几分钟后即可用竹签扎鸡皮，至15分钟左右，将鸡取出，切成小块，蘸佐料吃。

怪味鸡肉质细嫩爽口，鲜美异常，且采用二十多种调料制成味碟，其麻、辣、甜、咸、鲜、香兼备，风味独特。1990年，在四川省名优食品评比大赛中被评为名优食品，并获四川省政府颁发的金字招牌。

七、兰香斋熏肉

兰香斋熏肉是宜宾的特色食品。相传清光绪年间，成都什邡县人氏叶兰亭来到宜宾帮人做糕点以维持生活。他积累一定资金后，开设了肉干加工作坊"兰香斋"，因其独创的熏肉闻名遐迩，远销省内外。时人用"如入芝兰之室，而满屋生香"来评价他的作坊。根据当时史料记载，兰香斋熏肉十分火爆，每天上市都有大批民众争相购买，往往供不应求，转瞬售卖一空。1936年，其荣获"四川劝业学会优秀奖"，自此远销成都、重庆、昆明、武汉、上海等城市和东南亚等地区。

传统兰香斋熏肉制作十分考究，熏肉食材选择标准严格，一般选用50公斤左右的多肉山猪，用其前腿的精瘦肉，去皮，分切成长、宽、厚各2厘米的方正肉块制作而成。

第三节 别具一格的宜宾小吃

一、宜宾燃面

"吃过宜宾面，天下再无面。"宜宾燃面是"面中之王"，宜宾从古到今都是一座爱"面"的城市。宜宾面条口味众多，足以让人们餐餐吃面又百吃不厌。宜宾燃面原名叙府燃面，又叫油条面，因面条煮熟后干拌而成，面条油重无水，点火即燃，故称"燃面"。

宜宾燃面从清朝光绪年间便开始有人经营，而后发展迅猛，现在宜宾区域所有面馆都有售卖，省内各地也开设有不少宜宾燃面馆。燃面用材精选宜宾优质手工面作为主料，配菜方面，芽菜是首选，同时搭配新鲜时蔬。用料上，麻油、芝麻、花生、味精等必不可少。面条起锅之时，需用漏勺使劲甩干，然后用筷子弄蓬松，辅之以佐料，放一撮葱花，香远益清。吃面之时，再搭配一份煮面原汤或排骨海带汤，味如山珍。

宜宾燃面，入口筋道酥脆，麻辣适宜，调料搭配种类繁多，不仅有传统面食的特点，而且兼具蔬菜、芽菜清香，油而不腻，回味无穷，很受游人喜爱。1997年12月，全国第一届"中华名小吃"认定活动在杭州举行，全国参评小吃众多，宜宾燃面被认定为"中华名小吃"，从此传遍大江南北。

二、特色糕点

（一）泥溪芝麻香糕

正如民谣所唱："蕨溪的饼子泥溪的糕，月波的豆腐颤摇摇。"在宜宾众多种糕点中，泥溪芝麻香糕首屈一指，不仅传播范围最广，名声也最为响亮。泥溪芝麻香糕以糯米、白糖、芝麻等为原料，经选料、滚糖粒、和面粉、烘炒香料、搅拌、筛选、碾压、定型、切割，最终制成。泥溪芝麻香糕吃起来香软可口，甜而不腻，与其他地方的芝麻糕比起来更加滋润，不干涩，不掉渣，入口即化。

目前在泥溪专做芝麻香糕的有三家老字号：吉顺香、祥顺号和溢香斋。传承历史最悠久、用料及口味最地道、人气最旺的当属溢香斋。溢香斋的"香"不只有传统芝麻糕的芝麻香，他们在芝麻糕中还添加了祖传的特质香料，精选上桂、香松等十多种名贵中药材，烘焙磨粉制成，不仅增味，更有理气、补脾、健胃之功效，使其芝麻糕略带一股独特的中药清香。

溢香斋在继承传统工艺的基础上，坚持以绿色、健康为本，不断推陈出新，创制出低糖芝麻香糕、核桃香糕、绿豆香糕、花生香糕、蜂桔香糕、玫瑰香糕、苦荞香糕等更为丰富的口味，远销国内外，近年的年销售量均达到100万吨。

（二）李庄白糕

白酒、白肉、白糕为李庄"三白"，是当地最具特色的三样食品。在此三物中，白肉是菜肴，故现做现吃最鲜美；白酒虽然醇厚，但是需要下酒菜方可进行；只有白糕，在任一家店铺可购买，任何时候都可入口，既可在喝茶时作为甜点，更可作为礼物与亲朋分享。

白糕制作的第一步：把浸泡过的糯米放入开水中焯一下，然后起锅沥干水分。第二步：炒糯米。把香油、粗砂和糯米放入铁锅中，不停翻炒，直至把糯米炒成米花状；然后反复用竹筛把米花筛出来，和着淮山磨成米粉。第三步：退燠。选择干净、干燥、阴凉的地方，在地上铺上干净塑料布，把炒米粉均匀地铺在上面，给炒米粉退燠。第四步：制糖。把纯正的白砂糖和水放入铁锅中熬制，熬制成奶酪状放入容器里待用。第五步：成型。把米粉和熬制后的白砂糖按比例在案板上来回揉，使两种原料充分和匀，其间用细竹筛反复过筛，把小的砂糖结晶筛除。最后，将白糕粉放入模具中切成小块即成。

（三）红桥猪儿粑

宜宾江安县红桥猪儿粑是川南传统名小吃。它选用当地糯米磕粉为原料，糯米磕粉是红桥镇的传统特产，已有100多年历史。糯米磕粉以优质糯米为原料，经甜山泉水浸泡、冲淘、磨浆、分离、粉碎等十余道工序精制而成，便于携带，蒸、煮、炸、煎皆宜。蒸制的红桥猪儿粑，晶莹剔透，糯而不黏，滋润细腻，再加上梅干、火腿等风味各异的馅儿，外形如小猪，晶莹剔透，肉馅隐约可见，自是诱人。

关于红桥猪儿粑，还有一个动人的传说。在乱世之中，由于物质的匮乏，不能用三牲祭祀，为了祈求菩萨的庇佑，人们将家中仅剩的糯米做成了小猪的样貌，用以供奉上苍。这种真诚、朴实的行为感动了神明，使得红桥风调雨顺、平安和泰。猪儿粑由此代代相传，成为传统美食。

（四）柏溪潮糕

柏溪潮糕的创始人为清代同治年间的柏溪镇"集文"糖果铺老板谢德芳。他与当地爱好美食的中医共同研制而成的潮糕，一经问世便很受欢迎，距今已有100多年的历史。

柏溪潮糕使用上乘绿豆、米豆为原料，经泡、淘、冲洗、去壳后粉碎为豆面子；将不带露水的新鲜玫瑰切成丝，拌入白糖揉匀做成玫瑰糖，然后将其放入瓷罐封闭一段时间，使玫瑰香味与白糖甜味融为一体。制作柏溪潮糕的关键在于炒洗沙，将绿豆面、白糖、水和熟花生油按一定比例放入铁锅中炒，先用大火再用中火最后用小火，待沙老油亮后起锅。洗沙与玫瑰糖调配做好馅儿，包在绿豆面、熟花生油、白糖、水混合揉匀做成的粉里，放进潮糕活页模子中，再放入蒸笼内用大火蒸，蒸熟后揭盖冷却。最后把潮糕在白糖里滚一下，工人师傅把它们码齐后放在印刷精美的纸盒子里，即可上市出售。柏溪潮糕香甜松软，味美可口，老少皆宜。

三、椒盐花生

宜宾地处西南边陲，土质优良，雨量、光照均适宜花生生长，是四川省花生主产区。

椒盐花生以"鹰嘴花生"为主料，分泡盐和煮盐两种。泡盐制法：将新出土的优质花生（俗称水子花生）用盐水和多种香料浸泡一段时间后烘干即成；煮盐制法：将花生下到放满佐料的锅中煮一段时间烘干即成。在泡或煮时，加入少量花椒（50公斤花生需盐2.5公斤、花椒0.25公斤），烘干至脆即成。椒盐花生颗粒均匀、色泽白净、果仁丰满、不咸不淡、酥脆清香、营养丰富、别具风味。

宜宾加工生产花生的历史悠久。椒盐花生由北门外吴家坎一家招牌名为"林长发"的花生烘房开始制作，距今已有近百年历史。1973年，宜宾生产的椒盐花生开始出口。1993年，在"巴蜀食品节产品质量评比"会上获银奖。

四、南溪豆腐干

南溪豆腐干是四川省宜宾市南溪县特色豆制食品，始于清朝光绪年间，距

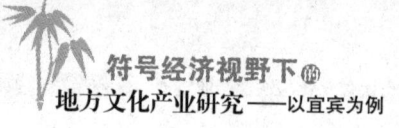

今已有100多年历史。据《南溪县志》记载：清末年间，南溪民间作坊林立，千磨阵阵。镇上人家无不以卤制豆腐干为主业，南溪又得名"千磨古镇"。① 南溪豆腐干发展至今，以其独特风味驰名国内。早在1994年，就曾获得过四川省名优特新产品博览会金奖；2002年，中国技术监督情报协会食品专业委员会授予南溪豆腐干"中国市场放心健康食品"荣誉称号。2008年7月，国家质量监督检验检疫总局专家组评审通过南溪豆腐干为地理标识产品；同年9月，中国食品工业协会豆制品专业委员会授予南溪县"中国豆腐干产业县"称号。

南溪豆腐干制作工艺复杂，品类繁多。先将本地特产——低油高蛋白的优质秋大豆，水磨提取豆浆后，经煮浆、过滤、点浆、蹲脑、破脑、上榨、加压成型、白胚冷却、白胚造型、过碱、清洗、烘烤、杀菌等十三道程序制成无味豆腐干；再根据不同口味，添加酱油、八角、山柰、胡椒、丁香、茴香、桂皮、香果、红蔻、白蔻等三十余种中药及香料配料卤制后排酸、烘烤、冷却后再分别配以鸡丝、火肘、金钩、猪肉、鱼松而制成十几种不同品种的豆腐干；最后经真空包装、高温高压杀菌、化验外包装后成品出厂。

南溪豆腐干包装精美，入口醇香，细腻而富有弹性，营养价值高，是馈赠亲友的特色礼品。

2011年，在中法食品文化与地理标志交流高峰论坛上，南溪豆腐干成为中欧"10+10"地理标志产品保护互认试点项目。南溪徽记食品、郭大良心、国硅豆制食品有限公司等著名豆腐干企业，开发有70多种产品，除销往国内30多个省（市）外，还远销美国、加拿大、韩国、以色列等10多个国家。

五、长宁双河葡萄井凉糕

"盛夏炎蒸寒比雪，严冬箴发暖如汤"②，明代榜眼、礼部尚书、太子少保周洪谟曾用此诗句咏赞双河古镇八大自然景观之一的"葡萄井"。此井已有2000多年的历史，据传，井水中不断冒出的气泡串串相连，晶莹剔透，赛珍珠、似葡萄，故得此名。享誉川南的名小吃——葡萄井凉糕，便是用此井水浸制精选的特殊大米，经过十二道严格工艺流程制作出来的。

千年的葡萄井水加上传统的制作工艺，造就了葡萄井凉糕的特色：清爽滑

---

① 卫祥云：《中国豆制品产业发展研究》，中国轻工业出版社，2010年，第144页。
② 罗应涛：《诗游僰国》，四川大学出版社，2006年，第213页。

腻、冰凉可口，在酷暑难耐的夏季，深受大众喜爱。经过"凉糕一条街"商家的积极研发，目前，双河凉糕可选口味已近三十种，造型也丰富多样。如今，打破传统外形和口味搭配的凉糕，更是使葡萄井凉糕家喻户晓。

第四节　风味独特的上乘佐料

一、宜宾芽菜

宜宾芽菜的生产历史可追溯到清光绪十七年（1891年）。自问世以来，宜宾芽菜一直畅销省内外，近年畅销中国香港、台湾地区和日本、新加坡等国家。1992年，宜宾芽菜系列产品获"巴蜀食品质量评比"金奖。

宜宾芽菜，又称叙府芽菜，是四川省四大腌菜之一，是川菜著名佐料。宜宾芽菜工艺独特，用芥菜为原料，经过洗净、划条、晾晒之后，加上一定比例的花椒、八角、山柰和精糖腌制加工而成。因单用其茎而废其叶，故名"芽菜"。宜宾芽菜含有丰富的氨基酸、蛋白质、维生素等营养成分。它色泽黄亮、咸甜可口、鲜香脆嫩，可添香增味，是烹调饮食中的上乘佐料，尤其是在做"蒸烧白""油酥鸭子""宜宾燃面"时，佐以适量芽菜，味美无比。

二、小磨麻油

小磨麻油是用上等芝麻经传统石磨加工制成，油色橙黄红亮，香味馥郁，营养丰富，是上乘调味佳品。烹饪食品、凉拌菜、汤菜和面食中放少许小磨麻油便香气扑鼻，诱人食欲，故又有"一滴香"之称。

小磨麻油，初为清代王长发生产出售，迄今已有百年历史。后来宜宾城内相继发展到30余家，产量与日俱增。现在宜宾的小磨麻油已销往国内外各大中城市。1994年，"叙府牌小磨麻油"获四川省名优特新产品博览会金奖、四川省食品工业名牌产品称号；1997年，通过经国际质量体系认证，被授予四川名牌产品称号。

三、思坡醋

宜宾特产思坡醋,因其产于宜宾市岷江北岸思坡乡而得名。相传思坡醋早在宋代就开始酿造,曾引起当时谪居宜宾的大诗人黄庭坚的浓厚兴趣。后来,当地人江少清于1918年办思坡酱园,遂以思坡醋闻名于世。思坡醋采用的主要原材料是"小麦麸皮",再配以108味中药材,吸收了巴蜀"大河帮""小河帮"几个酱园作坊的长处,精心酿制而成。

思坡醋的特点是醋味醇厚,营养丰富,是烹调的上乘佐料。1983年,荣获四川省和商业部优质产品奖;1992年,于首届"巴蜀食品节产品质量评比"会上获银奖。

第五节 奇特美妙的竹类食品

一、竹笋

在宜宾,不同的季节孕生不同的竹笋,有诗为证:"一月二月冬笋,三月四月春笋,五月苦竹笋、麻竹笋,六月甜龙竹笋、芦竹笋,七月八月硬头黄竹笋、慈竹笋,九月十月鸡爪竹笋、绵竹笋,十一月十二月又有冬笋。"①

宜宾人民根据竹笋种类的不同开发了系列产品,远销省内外。

冬笋尖:由冬笋去掉老化的根部,保留质嫩的头部制成;冬笋尖片是用鲜嫩的冬笋切成薄片精制而成。其含有蛋白质、多种氨基酸、维生素,钙、磷、铁等微量元素以及丰富的纤维素。

玉兰片:由未出土的楠竹笋精加工而成。玉兰片外形平滑尖圆,色泽白皙剔透呈玉白色和奶白色,与玉兰花神似,故得名"玉兰片",是笋中之极品。

摇尖笋:是风自然吹断的楠竹笋尖,有"美味不过摇尖笋"之说。

龙竹笋:笋中之王。笋株高80~150厘米,株产5公斤左右,味甘甜,清香可口,具有嫩、脆、香、甜四大特征。

烟笋:将上好的竹笋煮过,用炭火焙烤干,呈现出黑褐色,就像烟熏黑的

---

① 刘立云:《风情竹海,秀水长宁》,四川大学出版社,2009年,第200页。

一样。其味道独特，可用于红烧菜类。

竹笋蕴含极高营养且味道鲜美，对于人体有很好的滋养功效。宜宾竹笋盛产于蜀南竹海，竹笋可制成丰富多样的美食，深受人们喜爱。

二、竹荪

竹荪有"菌中皇后"之称，是一种寄生在枯竹根部的隐花菌类，有深绿色的菌帽，雪白色的圆柱状菌柄，粉红色的蛋形菌托。最美的是在它的顶端有一圈洁白似网的"裙"从菌盖向下铺开，在暖阳下，就像"雪裙仙子"下凡，美不胜收。

从竹荪的不同生长时段可以产出不同产品，如竹荪蛋、竹毛肚等。

竹荪蛋：又名竹荪胚体。它由四个部分构成，其中最具营养价值的是梦荪和菌盖。梦荪呈乳白色，模样类似蘑菇；菌盖整体呈透明网状，口感清脆、鲜嫩、爽滑。除却极佳的口感之外，更重要的是其营养丰富。研究数据表明，竹荪蛋中包含20多种氨基酸以及多种微量元素，可提高人体的免疫力，是不可多得的美味佳肴和馈赠佳品。

竹毛肚：它是竹荪顶部花蕾之精华，生长在野生竹荪上，弥足珍贵，因其形状酷似牛毛肚而得名。其含有丰富的蛋白质、脂肪、糖类等营养物质。竹毛肚制干后，在食用时用清水浸泡2~3小时，再换水浸泡待用，可用于炒、烧、煲汤、炒鸡蛋等，是筵席上的珍贵名菜。

竹松茸：是宜宾蜀南竹海野生天然特产。竹松茸，顾名思义，就是生长在竹林里的松茸，是竹子旁边生长的菌根真菌。其具有独特的浓郁香味，富含蛋白质。竹松茸味道鲜美，可烹饪各种佳肴，炒、拌、炖、烧、煲汤皆可，味美香浓，是珍贵的天然保健食品。

竹燕窝：又名竹菌、竹花、竹菇、竹蓐等，是一种非常名贵的真菌类食品，盛产于蜀南竹海。竹燕窝的外形酷似燕窝，因而得名。其可做甜品、熬汤，也可和肉类混合炖制，还可以用作凉菜。竹燕窝不仅味美，营养价值也极高，具有清肺、养颜的功效。食用时先去除杂质，加高汤稍煨即可烹调。竹燕窝只生长在气候宜人、环境幽静、水分充足的竹林，一旦环境被污染便会自动消失。

三、全竹宴

民间有云:"北京满汉全,宜宾全竹宴。"宜宾蜀南竹海全竹宴名声之大可见一斑。全竹宴是由竹林鸡肉、竹林鸡蛋、竹泡菜、竹筒饭等以竹为食材构成的宴席,满桌皆是竹类佳肴美味,绿色环保,色香味俱全,令人垂涎欲滴。全竹宴有许多烹饪方法,可烧、炖、炒、烤、蒸、煲、烩、拌等,是人们畅游蜀南竹海时的必品佳肴。

除全竹宴外,双竹宴也闻名遐迩。在全竹宴的基础上,用餐的餐具全用竹制,竹餐桌、竹椅、竹筷、竹碗、竹汤勺、竹碟,竹宴已经成为宜宾蜀南竹海文化旅游的一个重要符号,独具特色,被人们广为接纳。目前,全竹宴主要是在蜀南竹海景区内盛行,还需要在宜宾境内外推广,使之成为宜宾饮食文化的符号名片。全竹宴之所以被人们广为接受,其背后含有独特概念:一是绿色环保概念,二是大自然概念,三是十全十美概念,四是高洁美好的竹概念。

全竹宴有十多个大类,共100多个菜品,每一道菜都与"竹"有直接或间接的联系,从竹根、竹菌到竹笋、竹竿,再到竹的枝叶的每一部分都得到充分利用。① 全竹宴是宜宾美食中的一颗明珠,部分菜肴举要如下:

鸡蛋炒竹燕窝:挑选数枚新鲜的竹海农家鸡蛋,磕破后放入碗中,搅拌均匀以待用。油锅温度不宜太高,冒出油烟即可,然后将蛋炒碎。提升温度,倒入竹燕窝,辅以辣椒碎粒及精品食盐,三分钟左右便可起锅。竹燕窝状似石花菜,脆而嫩,鸡蛋香而鲜,两相搭配,可谓相得益彰。

白油珍笋:选取优质鲜笋,将材料切成小片待用,佐以大蒜、生姜,猛火翻炒,待炒熟之后,清香四溢,久久不散。

素炒竹毛肚:下锅之前,须用清水浸泡几分钟,然后捞起,除去水分,搭配姜丝、青椒,因竹荪盖质地鲜嫩,故而小火清炒,加上一些调味料,便可上桌。

---

① 向东:《百年川菜传奇》,江西科学技术出版社,2013年,第308页。

第六节　宜宾饮食产业的发展对策与建议

一、品牌建立与推广

宜宾饮食体系较为完备，但是饮食文化品牌还有待进一步塑造，找到宜宾饮食文化品牌中的原型力量是打造宜宾饮食文化品牌的关键所在，自贡盐帮菜品牌可供借鉴。自贡盐帮菜与自贡盐业发展紧密相关，相传是因为盐业工人聚集，需要集中吃饭，故而得名。自贡盐帮菜在川菜大体系中占有重要的一席之地，其特点为香、辣、鲜。

作为历史文化名城的宜宾，主要以佐料及各种小吃见长，最为知名的为宜宾燃面，其他名小吃呈现各自发展的局面，这是宜宾饮食文化品牌未得到整体开发的原因之一。宜宾需要结合地理优势，深度发掘历史文化资源，采用宜宾历史文化符号中蕴藏的原型力量，重点打造竹文化概念，倾力打造独具特色的全竹宴、全豆腐宴、乌骨鸡宴等系列菜系；夯实其文化基础，制定产业化标准，打造出具有宜宾地域特色优势的品牌。

（一）开发重点品种和品牌

宜宾饮食产业化发展的当务之急是努力打造饮食文化名牌及知名企业集团。企业是赢得市场的主要力量，在政府的支持和引导下，应保持多样化传统饮食特色品种，有目的、有计划地重点开发一大类或几类特殊优质品种，并进行配套处理，尽快创造出拳头产品；系统整理、改进、改造传统菜品，逐步实现品种选型工作的定性化和定量化；开拓大众餐饮市场，尤其是早餐、快餐、特色菜和风味小吃，精选品种，合理配餐，突出营养、卫生、经济实惠。具体可以从以下几方面着手：

（1）依托蜀南竹海丰富的竹食品，重点包装打造全竹宴。

（2）精心打造并传播沙河全豆腐宴。

（3）依托兴文石海，打造兴文乌骨鸡宴。

（4）利用各种会展传播高县九大碗乡村美食宴。

（5）结合黄沙鱼品牌打造宜宾三江全鱼宴。

（6）设计推出系列宜宾名优小吃旅游馈赠礼包。

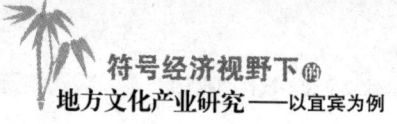

（二）鼓励集群化发展

为适应宜宾饮食产业化发展需要，建议由政府职能部门牵头，扶持一批优秀品牌企业，给予政策支持。将集群化发展模式引入宜宾饮食文化产业，在制作标准、质量监控体系、传播推广、立体宣传等方面将宜宾饮食文化产业推上新的发展台阶。

（三）建立标准化运营模式

遍览国内外众多企业运作成功与失败的案例可以发现：小微企业可能因建立标准化运营模式而做大做强，庞大的商业帝国也可能因为运营模式老化而走向失败。由此可见，建立宜宾饮食产业标准化运营模式，实施产品系统化、系列化，传播一体化、立体化，对于发展宜宾饮食文化和品牌文化具有重大意义。

建设宜宾饮食产业标准化运营模式需要注意以下要素：

（1）统一视觉要素。

建立宜宾饮食产业标准化运营模式要重视视觉要素的统一：菜品颜色、佐料量化、菜式形态、摆盘形态、菜式颜色搭配等。其基本原则是必须保持食物的绿色环保本色。陆游有诗这样形容菜品配色："梅清巧配吴盐白，笋美偏宜蜀豉香。素月对银汉，红螺斟玉醑。染丹梨半颊，斫雪蟹双螯。黄甲如盘大，红丁似蜜甜。"可见菜品与色、形结合，自古便有讲究，美轮美奂的视觉冲击是饮食文化的重要组成部分。

（2）丰富味觉要素。

味觉要素的统一是决定该地饮食文化是否具有地方色彩的要素之一。味觉要素的选择既要讲究口味的大众化，同时更要讲究口味的个性化。在食材选择、佐料搭配、口味特征、色彩因素等方面追求个性与共性的同步发展，才能够让具有地方特色的佳肴美味适合天南海北的游客。宜宾传统饮食具有麻、辣、鲜、香的特点，还需要在诸多菜式的研究基础之上建立起宜宾菜的独特风味。

（3）传播饮食文化要素。

地方菜的风味是一个地区历史、文化、族群交流碰撞之后，沉淀入寻常百姓家的文化缩影。宜宾饮食具有丰富的历史文化内涵，让游人知道每一道菜的历史文化特点，有利于宜宾饮食文化的有效传播。探析历史渊源，研究菜系特色，传播饮食文化，发掘核心要素，也是标准化运营的一项基础工作。

二、加大宜宾饮食文化宣传力度

目前，宜宾饮食文化的研究还停留在感性现象描述以及特色食品的个案研究上，有待于对菜谱进行全面系统的整理、探索、研究与传承。结合非物质文化遗产文化的启示，对宜宾饮食文化的研究可从宜宾地方饮食文化、饮食习俗、饮食的历史渊源等入手进行归纳总结。联合宜宾高校及研究机构，发挥地方人才的研究优势，将物质考察与历史文化研究结合在一起，整理宜宾饮食文化现象的点与面，出版饮食文化系列书籍，拍摄宣传视频，撰写宣传软文，充分利用声音、文字、影像数据资料，建立宜宾饮食文化博物馆，以研究促传播，借传播促发展，保证宜宾饮食文化研究传播发展的系统性与全面性。

要加大宜宾饮食文化的研究与传播力度，除借助报纸、刊物、电台、电视台等传统媒体宣传工具之外，还需借助新媒体如网站、微信公众号、微博、抖音、火山、快手等进行传播与推广；充分发挥在宜高校尤其是宜宾学院与宜宾职业技术学院师生的力量，长期化、规模化、集中化、系统化推送宜宾饮食文化；借助文旅融合方式，让游人在视觉、听觉、味觉、触觉、感觉等方面充分感受宜宾饮食文化魅力；结合自然景观与人文景观，加强区域沟通，打造不同县域的区域饮食文化主题，推出各县（区）主打饮食文化品牌。围绕各类节日、会展，以宜宾茶、宜宾酒、宜宾竹、宜宾饮食为主题举办美食文化节，借助中国白酒文化节、宜宾早茶节、美食烹饪表演比赛，以及美食名品、名店、名企业的评比等活动，提升宜宾饮食文化影响力；梳理挖掘宜宾饮食文化的内涵与外延，增强游人对宜宾饮食文化的沉浸式体验感受，对宜宾饮食文化赋予更为充实的内涵，真正使宜宾美食特色化、品牌化，从而大力提升宜宾饮食文化的知名度与美誉度。

第七章　宜宾文化创意产业发展现状及发展对策

发展宜宾文化创意产业是宜宾市建设四川省经济副中心的内在要求。宜宾文化创意产业必须植入宜宾历史文化要素，文化要素的植入必须唤醒消费者潜在的原型力量，符合消费者的内在诉求。文化创意产业需要进行市场化运作，生产出具有深刻历史文化内涵的文化消费品。宜宾文化创意产业发展需要激活宜宾历史文化要素中的经济要素，树立城市品牌，提升公众文化消费自信心和凝聚力。通过梳理研究、厘清概念、研究对策等方式让宜宾城市文化形象在文化创意产品的销售和传播过程中充分呈现，让深具宜宾历史文化内涵的文化创意产品进入大众生活、流入大众血液，为建成四川省经济副中心城市提供强有力的文化软实力支撑。

第一节　文化创意产业发展历程

文化产业（Culture Industry）这一术语诞生于 20 世纪初，最初出现在霍克海默和阿多诺合著的《启蒙辩证法》一书中，并于 1947 年由法兰克福学派首先使用。通常所说的文化产业是指通过工业化和产品化方式进行的文化产品和文化服务的生产、交换和传播。与传统的产业形态相比，文化产业属于新经济业态，是知识经济典型的业态，它主要是一种非物质形态的经济。

文化创意产业历经三个发展阶段。

一、传统文化业阶段

传统文化业阶段，实质上就是文化事业，提供公共文化服务。文化事业是以社会公益为目的、由国家机关或其他组织利用国有资产举办的在文化领域从事研究创作精神产品生产和公共文化服务。文化事业涉及的领域包括新闻出版、广播影视、文化表演等行业，以及文化馆、图书馆、博物馆、剧院等公共文化设施。文化事业的基本任务是提供均等化的公共文化服务，是公益性的服务，不以赢利为目的。需要指出的是，文化事业是文化产业的核心和基础，也是发展文化创意产业的重要前提。

二、文化产业阶段

文化产业阶段，即经营性质的文化业领域。我国计划经济时期，文化与政治意识形态密切相关，基本上被作为一种行政事业来认识和对待。随着市场经济的不断发展，文化的产业特征逐步明显，开始得到政府和社会各界的关注。2004年，我国首次公布的《文化及相关产业分类》将文化产业定义为"为社会提供文化、娱乐产品和服务的活动，以及这些有关活动的集合"[①]，并将文化产业界定为核心层、外围层、相关服务层三个层次，涉及新闻、出版、广播、电视、网络、文化用品等十几个行业。

三、文化创意产业阶段

文化创意产业阶段是文化产业发展的高级形态。所谓"高级"，体现在六个方面：更加注重创意，强调文化与创意对经济社会的推动作用；更加注重大资本，强调大规模、高门槛的文化投入；更加注重高科技，强调应用高新技术武装文化业；更加注重商业模式创新，重视文化与经济、社会和人文的互动；更加注重高端人才引领，强调高级专门人才对文化和经济发展的引领作用；更具延展性、交叉性，强调文化与其他行业的融合、拓展，以及文化对经济发展的推动力。文化创意产业的概念在我国的上海、北京等城市率先得到应用。

---

① 李松森、王堃：《中国产业结构调整与财政政策选择》，东北财经大学出版社，2014年，第159页。

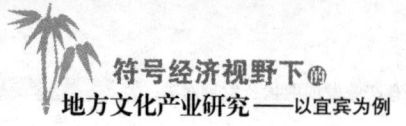

第二节 文化创意产品及相关概念

一、文化产品

关于文化产品的定义,学术界有各种不同见解。Cano del Corral & Poussin 认为,文化产品是表达人们的思想和生活方式的商品和服务,比如书籍、杂志、电影、电视、工艺品和流行时尚等。通常学术界都用"满足消费者的精神需求"来定义文化产品。联合国教育、科学及文化组织(UNESCO)将文化产品定义为个人或集体创造性的结果,包括印刷品和文学著作、音乐、视觉艺术、电影和摄影、广播和电视、竞技和运动产品等。

二、创意产品

创意产品的概念有广义和狭义之分。广义的创意产品是指人类在历史发展的各个时期,智慧地利用自然资源和社会资源所生产的全部产品。广义的创意产品范围广、内容多,涉及的行业也非常齐全。狭义的创意产品是指在知识经济时代一种源自个人创意、技能和才干,根据社会实践要求,以脑力劳动为主,通过知识产权的开发和运用,依托历史文化符号,创造出的具有象征价值、社会意义、使用价值和特定文化内涵的产品或服务。

三、文化创意产品

文化创意产品是文化创意产业的核心构成要素。1997年,英国提出了发展文化创意产业,至今全球已有很多国家将其视为重点产业。所谓文化创意产业,其核心概念是文化和创意,并以创作、创造、创新为根本手段,突出"生产性服务业"的性质。[①] 文化创意产业强调依托历史文化符号,满足大众的潜在心理审美诉求,依托产业资本提高产品文化附加值的行业集群。设计师用现代视角理解传统文化后设计呈现出具有多样性和差异性的产品。因其以"商

---

① 刘泓、袁勇麟:《文化创意产业十五讲》,四川大学出版社,2012年,第140~141页。

品"形式流通，故又称为文化创意商品（Cultural Creative Commodity，3C）。

第三节　宜宾文化创意产业发展现状

一、重要旅游景区的文化创意产品开发欠缺

宜宾最重要的旅游景区是"两海"，即世界地质公园"兴文石海"、有全国最美十大森林之称的"蜀南竹海"。景区售卖的产品均以本地相关农副产品为主，以传统竹类日用品（如桌椅果盘、儿童玩具）、旅游应急用品（如一次性雨衣、包袋、鞋帽等）为辅。产品以浙江、江西、云南等地批发为主，部分为本地小作坊加工，且主要为加工粗简、价格低廉的传统造型的生活用品。从本土文化内涵、地方技术特色、时尚造型色彩、新型材料工艺、现代科技融入、现代功能需求等元素评估，文化创意产品未能起到有效促进景区文化传播、形象提升、体验升级、带动消费、拉动经济的作用。

大部分旅游景区只有最传统的游憩＋餐饮＋棋牌消费模式，文化创意产品及文化旅游体验项目不足。

二、文化创意类赛事起步晚

宜宾近几年才开始启动文化创意设计类赛事，围绕竹产业和旅游业开始投入一定资金，组织展赛。如宜宾市经济和信息化委员会组织的"天府宝岛杯工业设计大赛竹工天下"专题赛和宜宾市文化广播电视和旅游局组织的"哪吒杯文创产品设计大赛"。赛事本身起到了宣传宜宾、征集作品的作用，但赛事尚未形成固定机制，参赛作品来源不广，参赛作品对比赛条款的响应度不够。对获奖作品的评定还集中在对传统工艺难度的肯定上，而对产品的文化内涵、创意创新、消费者接受度、生产推广需求等方面的考量还有待完善；对获奖产品和具有孵化潜力的非获奖作品的权属约定和孵化推广等均未跟进。

三、文化创意资金投入不足，文化创意人才匮乏

宜宾市博物院于2015年起投入40万元资金自主设计和与知名团队合作完

成了一批文化创意产品投放市场，包括18种47款文化创意产品，主要有酒具、丝巾、T恤、明信片、书签等。但是由于资金投入不足，特别是批量生产不足，未能建构起有效的规模销售渠道，导致产品的知名度不高，后续研发与投产缺乏驱动力，没有形成市场规模效应。

非物质文化遗产文化产业由于缺乏传承团队，仅靠传承人小批量设计制作非物质文化遗产手工艺品。产品的沿袭性过强，创新创意功能较少，现代工艺介入度较低。

本土高校作为文化创意产品设计的主力军，近年来在全市各类展赛、服务地方项目中崭露头角，发挥了一定的支撑作用。但是与企业的对接不足，导致大量作品没能转化为产品。

2019年本土大学生获奖作品超过总颁奖作品的23%。2019年度中国宜宾"哪吒杯"文创、旅创作品大赛创意类投稿作品统计表和得奖作品统计表显示，152件投稿作品有116件为宜宾学院师生作品，占76.3%；22件获奖作品中有15件为宜宾学院师生作品，占68.1%。但因创意类作品均非量产商品，市场影响力不足。

在服务地方文化建设方面，近年以宜宾学院、宜宾职业技术学院为主的本土高校完成了一系列高显示度成果，如被市民争相拍照转发、被省市媒体大量报道的网红打卡点金沙江堤坝彩绘、世界樟海形象展示设计、长宁吉祥物设计、南溪区裴石镇的巴蜀家风传承基地的logo和体验项目设计等。

高校文化创意产品设计团队虽然有着天然的文化研究优势、研教结合的原创产出优势、实物样品试制的实验室优势，但一件设计作品从研发到产品开模再到批量加工需要大量的前期资金投入，这就使得产品设计对接市场变得十分困难，导致大量优秀的原创产品束之高阁、难见天日。若能激活高校团队研究设计能力，将为宜宾文化创意产业发展注入持续活力。

四、文化创意基地或园区配套不足

宜宾暂无相对集中、配套齐备的文化创意基地或园区。临港的白沙水街具有一定的文化创意产品展示售卖功能，但文化创意类门店和摊位自2019年投入运行门可罗雀，勉强维持。这与宜宾文化创意产品单一、特色不足、加工渠道不畅、成本高企、营销渠道不畅等均有密切关联。

各乡村振兴项目的园区近几年开始引入部分"大师工作室"、文化体验项目团队入驻，但较为零散、独立，缺乏像成都"浓园艺术村""荷塘月色"等艺术家、文化创意团队系统入驻带来的联动效应。

第四节 宜宾文化创意产业发展对策与建议

基于对宜宾七县三区文化创意产业与宜宾自然、人文、历史、交通诸要素的分析，提供以下发展对策与建议。

一、明确创意定位，助推文化资源"再生"

组织市内外、省内外、国内外文化学者、专家协助梳理和建构宜宾的核心文化圈层，推出宜宾特色文化创意品牌，打造宜宾文化创意产业工程，汇聚宜宾文化创意产业集群。

二、重点带动，优势引领

由宜宾市文化旅游集团牵头，倾力打造以五粮液、蜀南竹海、兴文石海为龙头的文化创意集团，扶持一批中小文化创意企业发展作为基础力量，推动宜宾文化创意产业发展。

三、依托高校及行业协会，激发文化创意团队活力

依托本土高校培养本土文化创意专家团队，搭建宜宾文化创意产业研究平台，凝练宜宾文化创意产业方向，汇聚宜宾文化创意产业研究队伍，培养宜宾文化创意产业本土研究设计专家学者团队。

充分借助本土行业协会打造宜宾文化创意产业。宜宾市文化影视传媒协会与宜宾旅游协会融合发展，以促进宜宾文化创意产业发展。

四、引入外资企业或者外企文化专家带动本土文化创意产业发展

引入外资企业和交替引进欧美日韩以及东南亚等国家和地区的文化创意专家为宜宾文化创意产业发展出谋划策，借助他们的影响力带动宜宾本土文化创

意产业的发展。

五、以文化节作为载体推动宜宾文化创意产业发展

高度重视中国竹文化节、中国宜宾早茶节、中国名酒文化节等商业文化节，以文化节为载体推动宜宾文化创意产业发展。

六、构建消费细分市场，打造特色文化创意产品

基于天赋宜宾的自然资源、历史文化资源及交通资源，寻找设计符合宜宾旅游市场的精准文化符号，重点打造宜宾文化旅游产业群落；加快各种文化产业形态与旅游产业的融合发展，体现组合创新优势，形成饮食文化、酒文化、茶文化、竹文化、山水文化、古镇文化等融合发展的立体格局；打造不同种类和同一类别的文化创意产品均应有覆盖高、中、低端消费者市场的产品系列。

七、整合多维要素，实现价值共创

注重体验与观光结合、产业基地与物流结合、户内与户外结合、线上与线下结合、传统与现代结合、情感价值与使用价值结合、地方特色与大众精神文化需求结合、流通环节与消费环节结合、传统渠道营销与现代电商渠道结合、数字信息符号与真实体验结合（如VCR体验、全息激光影像体验等）、精神情感营销与使用价值营销结合，以及视觉、味觉、听觉、触觉、感觉的结合，通过立体化手段打通生产与消费、文化符号与市场需求，从而推动宜宾文化创意产业的立体化发展。

八、融入以成都、重庆为核心的文化旅游圈

宜宾毗邻以历史文化为中心的成都文化旅游圈、以自然生态和民族风情为中心的川西北文化旅游圈、以自然风光和历史文化为中心的重庆文化旅游圈，要抓住成渝双城经济圈发展机遇，融入成渝经济圈城市群，融入以成都、重庆为核心的大文化旅游圈，借船出海。围绕"共享新机会·共拓新消费"主题，建立紧密、高效的信息沟通渠道，让成渝地区乃至全国游客对宜宾的特色文化、特色美食、特色品牌、山水资源有全面了解和体验，进一步推动宜宾与成

都、重庆及更多周边旅游城市的资源联动，共建互为客源地和目的地的营销矩阵，从而为宜宾文化创意产业的发展找到牵引力量。

宜宾文化创意产业依托宜宾位处长江经济带的区位优势和丰富的自然历史文化资源，在"生态优先、绿色发展"的模式下必将焕发出勃勃生机。

第五节 宜宾文化创意产品开发创新策略

文化创意产品也是商品，要依托本土文化符号，符合受众的文化审美体验，注重唤醒大众消费者的潜在心理需求，更依赖于产品研发设计、批量生产制作、渠道销售等系统。文化创意产品的面市和供应链系统可以解构为"源于主题文化，经由创意设计，具备市场价值"的产品。"源于主题文化"需要对文化端的深入挖掘与解读；"经由创意设计"需要有创意端（文化创意工作者或团队）的设计创新；"具备市场价值"需要有把文化创意产品变为市场商品的生产端、渠道端和消费端。① 文化创意产业的发展依托于文化创意生产链和供应链，需要从"文化端、创意端、生产端、渠道端、消费端"五个环节下功夫，兼顾市场需求、环境效益、社会效益，促进宜宾文化创意产业生产链和供应链的可持续发展。

一、文化端：明确创意定位，助推文化资源"再生"

宜宾作为国家级历史文化名城，具有悠久的文化历史和厚重的文化资源。域内既有"五尺僰道通四海，三江号子吼千年"的大江文化，"僰道酒香五千年，神州神酒五粮液"的酒文化，"三月春光好，早茶香戎州"的茶文化，"千黛输颜色，竹海天下翠"的竹文化，更有神话支撑的哪吒文化，富有传奇色彩的僰苗文化，名扬天下的红色文化与抗战文化，丰富多彩的饮食文化，历史名人支撑的名人文化，天赋形态的奇石文化、溶洞文化，以真武山庙群为代表的寺庙文化和道教文化等，上述种种文化形态拥有浩如烟海的历史文化符号，是宜宾颇富特色的文化资源。

宜宾虽然文化符号众多，但是精准概括宜宾地域文化特色的产品不够丰富，需要深入挖掘、整理和提炼能代表宜宾的核心主题文化产品。主题文化是

---

① 张喜：《文创产品供应链的可持续发展策略研究》，《中国包装》，2020年第1期，第37页。

文化创意产品的基础和底蕴，离开了主题鲜明的特色文化产品不会有长久的生命力和强大的市场号召力。

宜宾文化创意产品应从文化端着手，从顶层设计聚焦宜宾地域特色的主题文化，由这一主题文化与其他特色文化互联，寻找符合宜宾文化旅游市场的精准文化符号。将宜宾的众多文化串成项链，把最能代表宜宾特色的文化产品作为该项链的核心——钻石，把这颗"钻石"打磨得闪闪发光，以带动其他文化产品。宜宾文化创意产品应以主题文化为核心、亚文化主题产品为主体，进行多层次、多类型的文化创意产品开发创新设计，汇集政府、文化创意企业、高校专家、民间艺人等要素，形成多位一体挖掘凝练宜宾文化的主题，发展宜宾文化创意产业的格局。

二、创意端：加强文化创意人才培养，激发文化创意团队活力

创意端是决定文化创意产品成败的关键环节，目前宜宾文化创意团队缺乏对传统或地域文化的深刻解读和多学科多领域的思考，外向学习和取道的经验不够丰富，跟上新时代、高科技的步伐还有待加强。

宜宾具有代表性的文化创意产品不够丰富，文化创意企业较少，文化创意人才缺乏，建议由政府牵头，整合高校、企业及民间艺人，建构一支专业、稳定、高效的文化创意团队。宜宾大学城、科创城"双城建设"突飞猛进，入驻高校已达十余所，在全国四线城市的大学建设中树立了成功样板。以此为基础，充分整合区内高校相关专业，汇聚宜宾文化产业人才，培养宜宾文化产业的专家学者团队，打造宜宾文化产业符号体系，搭建宜宾文化产业研究平台，凝练宜宾文化产业方向，进行跨行业、跨学科协作。

三、生产端：构建消费细分市场，打造特色文化创意产品

文化创意产品经开发设计成样品之后，就需要量产从而推向市场，这就离不开生产端了。生产端主要由两大类组成，一类是负责批量加工制造的生产企业，另一类是拥有产品品牌的生产企业。① 负责批量加工制造的生产供应商和

---

① 张喜：《文创产品供应链的可持续发展策略研究》，《中国包装》，2020年第1期，第37页。

拥有产品品牌的生产企业要拥抱新技术和新理念，负责生产的供应商要不断更新生产技术来应对人们对文化创意产品高质量的期待；拥有产品品牌的生产企业要勇于探索，将产品品牌与消费者诉求相结合，找准文化创意产品与市场之间的相关性、链接性，从而让文化创意产品品牌焕发出新活力。

打造特色文化创意产品，需优先实施以下重点文化产业项目：

一是以建设"川南特色文化体验中心""区域文化艺术品交易中心"为重点，打造"公共文化＋产业整合"示范区，做大文化旅游产业，做优产业价值链，形成空间布局合理、产业结构优化、优势特色鲜明、规模效益并重的产业发展格局，推动产业文化化、文化产业化。实施"文化＋"战略，加速文化跨产业融合发展，逐步实现从"文化产生价值"向"文化创造价值"的转变，将文化产业培育成国民经济的支柱产业。到2022年底，培育1~2家产值超亿元的文化企业集团，力争文化产业增加值占地区生产总值的比重达到5%。

二是打造"一城三海"休闲文化旅游产业带。以五粮液酒海、蜀南竹海、兴文石海为核心，以长江、岷江、金沙江沿线及向家坝库区生态旅游为重点，打造沿江大江生态文化旅游产业带。以回归自然、农耕体验为方向，建设一批"望得见山，看得见水，记得住乡愁"的生态文化园、农耕文化园、农林渔家乐、健康养老基地，打造"美丽宜宾乡村行"及桃花游、荷花游、茶花游、李花游等乡村旅游品牌，大力发展文化休闲产业新业态。弘扬美食文化，将乡村休闲旅游与宜宾特色小吃如李庄白肉、南溪豆腐干、宜宾燃面、宜宾芽菜、沙河豆腐、红桥猪儿粑、葡萄井凉糕等结合，讲述好文化旅游背后的历史文化故事，赋予美食文化内涵，积极开展美食文化节、美食文化博览会等活动，推动宜宾美食餐饮服务业品牌化发展。

三是结合宜宾竹文化、水文化、茶文化等特色文化资源，保护并营销好豆腐干、面塑工艺、江安竹簧、珙县麦秆画等非物质文化遗产项目，开发具有特色文化内涵的竹木制品、家居设备、包装材料等产品。支持依托丰富的竹、木、石等特色资源，进一步发展以雕刻为主要门类的工艺美术产业。

文化创意产品需要覆盖从高端到中低端的消费者群，不同种类和同一类别的文化创意产品均应有覆盖高、中、低端消费者市场的产品系列。创建自己的品牌、加盟或引进已成熟的品牌，无论采用哪种形式，文化创意产品必须要有鲜明的特色和品牌效应，应从品牌、材质、工艺、流程、纪念性、实用性等全方面进行考量，以满足不同层次消费者的需求。

四、渠道端：宣传推广销售无缝衔接，多措并举拓宽营销渠道

文化创意产品渠道端要解决两大问题：买什么与哪里买。文化创意商品最难的就是打开销售渠道，如果没有畅通的流通渠道，大量文化创意产品找不到用户对接口，找不到目标群体，便很难获得实质性的发展。

近年来，宜宾市文化旅游部门牵头举办了公开向社会征集文化创意产品、旅游纪念品的比赛，通过各种评选方式，推出了一批宜宾文化创意产品，但这些设计作品除获奖外，还应该批量生产走向市场。

集中在线上、线下平台进行统一的文化创意产品展示和推广，将不同种类的优秀文化创意产品纳入推送平台，将特色文化创意产品统一打上宜宾文化基因烙印，在旅游手册、网站攻略、机场车站、酒店餐馆、旅游景点等地方对宜宾文化创意产业进行统一宣传。推送方式要高度重视移动为王的策略，推送形态需要将"硬推送"与"软推送"相结合，长时间、多媒体、多手段地对优秀文化创意产品进行宣传推广。

五、消费端：实施文化创意互动，实现价值共创

消费端是文化创意产品的终端，其对象为文化旅游消费者。互联网时代，文化创意产品消费端的主力人群正在逐渐趋于年轻化，他们的消费观念正在转变，审美水平也在不断提高，对文化创意产品不仅有质量要求还有精神需求。作为文化创意产品供应链的最末端，要准确把握消费者的消费需求，让消费者参与文化创意产品的设计与创新，实现自下而上的产品价值共创。如蜀南竹海可开发设计出能让旅游消费者充分参与其中的竹简刻字文化创意产品。竹简刻字项目可供定制，人名、地名、名言名句到唐诗宋词乃至图像均可。

参考文献

一、图书文献

[1] 白慧颖. 知识经济与视觉文化视野下的非物质文化遗产保护与开发［M］. 北京：北京理工大学出版社，2012.

[2] 顾颉刚. 古史辨（五）［M］. 上海：上海古籍出版社，1982.

[3] 江玉祥，高大伦. 川茶文化暨川南文化遗产研究［M］. 成都：四川人民出版社，2017.

[4] 蒋晓丽. 四川文化产业发展研究［M］. 成都：四川大学出版社，2006.

[5] 金元浦. 中国文化概论［M］. 北京：中国人民大学出版社，2007.

[6] 李炎. 西部文化产业理论与实践［M］. 昆明：云南大学出版社，2015.

[7] 林拓，李惠斌，薛晓源. 世界文化产业发展前沿报告［M］. 北京：社会科学文献出版社，2004.

[8] 刘泓，袁勇麟. 文化创意产业十五讲［M］. 成都：四川大学出版社，2012.

[9] 刘玉平，陈洁，周恋榕. 文化产业策划学［M］. 济南：山东人民出版社，2018.

[10] 吕晓莉. 万里长江第一城——宜宾［M］. 成都：四川人民出版社，2006.

[11] 欧阳坚. 文化产业政策与文化产业发展研究［M］. 北京：中国经济出版社，2011.

[12] 四川省社会科学院文学研究所. 历代四川山水诗选注［M］. 重庆：重庆出版社，1985.

[13] 王平. 中国竹文化［M］. 北京：民族出版社，2001.

［14］徐勇. 大众文化产业研究［M］. 武汉：湖北人民出版社，2018.

［15］肖金虎. 长征路线（四川段）文化资源研究·宜宾卷［M］. 成都：四川人民出版社，2018.

［16］《翠屏区志》编纂委员会. 翠屏区志（1986—2000）［M］. 北京：方志出版社，2004.

［17］杨宝璋. 竹与竹建筑［M］. 昆明：云南人民出版社，2014.

［18］杨宪邦. 传统文化与现代化［M］. 北京：中国人民大学出版社，1987.

［19］杨宇明，谷中明，吴静波. 中国竹文化与竹文化产业［M］. 昆明：云南大学出版社，2019.

［20］叶舒宪. 文化与符号经济［M］. 西安：陕西师范大学出版社，2018.

［21］张岱年，方克立. 中国文化概论［M］. 北京：北京师范大学出版社，1994.

［22］张廷兴，董佳兰，丛曙光. 中国文化产业史［M］. 北京：经济日报出版社，2017.

［23］张晓晶. 符号经济与实体经济：金融全球化时代的经济分析［M］. 上海：上海人民出版社，2002.

［24］周磊，杜滇峰. 当代文化产业发展概论［M］. 石家庄：河北人民出版社，2017.

［25］周丽. 中国酒文化与酒文化产业［M］. 昆明：云南大学出版社，2018.

［26］周自祥. 文化产业理论沉思［M］. 上海：上海交通大学出版社，2016.

［27］马克，皮尔森. 很久很久以前：以神话原型打造深植人心的品牌［M］. 许晋福，戴至中，袁世珮，等译. 汕头：汕头大学出版社，2003.

［28］雷蒙德·威廉斯. 漫长的革命［M］. 倪伟，译. 上海：上海人民出版社，2013.

［29］费尔迪南·德·索绪尔. 普通语言学教程［M］. 高名凯，译. 北京：商务印书馆，1980.

［30］恩斯特·卡西尔. 人论［M］. 甘阳，译. 上海：上海译文出版社，1985.

［31］威廉·A. 哈维兰. 当代人类学［M］. 王铭铭，等译. 上海：上海人民出版社，1987.

［32］特伦斯·霍克斯. 结构主义和符号学［M］. 瞿铁鹏，译. 上海：上海译文出版社，1987.

［33］W. 爱伯哈德. 中国文化象征词典［M］. 陈建宪，译. 长沙：湖南文艺

出版社，1990.

[34] 爱德华·泰勒. 原始文化［M］. 连树声，译. 上海：上海文艺出版社，1992.

[35] 让·波德里亚. 消费社会［M］. 刘成富，全志刚，译. 南京：南京大学出版社，2000.

[36] 马凌诺斯基. 文化论［M］. 费孝通，译. 北京：华夏出版社，2002.

[37] 瓦尔特·本雅明. 摄影小史：机械复制时代的艺术作品［M］. 王才勇，译. 南京：江苏人民出版社，2006.

[38] 大卫·赫斯蒙德夫. 文化产业［M］. 张菲娜，译. 北京：中国人民出版社，2007.

[39] 斯科特·拉什，约翰·厄里. 符号经济与空间经济［M］. 王光之，商正，译. 北京：商务印书馆，2006.

[40] PAUL SCHAFER D. Culture：beacon of the future［M］. Twickenhan：Adamantine Press，1998.

[41] JOSEPH S. NYE J. The paradox of American power［M］. New York：Oxford University Press，2002.

二、期刊文献

[1] 班秀萍. 价值观念 民族精神 文化产业——提升我国文化软实力三题议［J］. 西南民族大学学报（人文社会科学版），2013（7）：198-202.

[2] 柴冬冬. 论"一带一路"的伦理意蕴及其对文化产业"走出去"的启示［J］. 同济大学学报（社会科学版），2020（3）：30-38.

[3] 陈林侠. 国家文化战略、文化产业与国家形象构建［J］. 南京社会科学，2013（11）：133-138.

[4] 丁薇，陈党. 论城市化与文化产业发展的对策［J］. 江淮论坛，2013（5）：130-134.

[5] 范建华，秦会朵. 文化产业与旅游产业深度融合发展的理论诠释与实践探索［J］. 山东大学学报（哲学社会科学版），2020（4）：72-81.

[6] 冯一鸣，张立波，周玲强. 人类学仪式理论视角下文化产业"神圣游程"体验模式［J］. 北方民族大学学报，2021（1）：60-68.

[7] 耿松涛，张伸阳. 乡村振兴背景下乡村旅游与文化产业协同发展研究［J］. 南京农业大学学报（社会科学版），2021（2）：44-52.

[8] 郭五林. 加强酒文化研究，为宜宾建设文化强市提供强大支撑 [J]. 酿酒科技，2012（11）：121-124.

[9] 郭周明. 中国文化产业"走出去"现状分析及途径选择 [J]. 国际经济合作，2014（9）：24-29.

[10] 韩晗. "两个一百年"期间中国文化产业的挑战与机遇 [J]. 山西大学学报（哲学社会科学版），2020（4）：137-144.

[11] 胡娜. 论当代符号经济的兴起与特点 [J]. 兰州学刊，2008（5）：174-177.

[12] 皇甫晓涛. 符号经济与数字文化的国家创新系统 [J]. 江西社会科学，2005（11）：22-26.

[13] 黄升民，刘庆振. 文化产业的驱动力与四维空间 [J]. 现代传播，2013（6）：1-5.

[14] 黄伟群. 我国文化产业发展的主要影响因素实证分析 [J]. 图书情报工作，2014（10）：19-23，61.

[15] 黄悦. 符号经济与消费神话 [J]. 江西社会科学，2005（11）：32-37.

[16] 黄均红. 五粮液酒文化的特征及历史文化价值研究 [J]. 中华文化论坛，2009（4）：130-133.

[17] 贾立明，黄开源. 宜宾市竹产业发展现状与展望初探 [J]. 四川林业科技，2011（5）：113-114，120.

[18] 江奔东. 关于提高文化产业创意业态绩效的思考 [J]. 齐鲁学刊，2013（4）：71-74.

[19] 江文. 如何推动中国文化产业发展 [J]. 编辑学刊，2013（6）：86-89.

[20] 李恺，詹绍文. 新时代文化产业的文化责任及其实现路径 [J]. 华南师范大学学报（社会科学版），2020（4）：179-188，192.

[21] 李培峰. 新时代文化产业高质量发展：内涵、动力、效用和路径研究 [J]. 重庆社会科学，2019（12）：113-123.

[22] 李思屈. 符号经济与文化产业的内在逻辑 [J]. 浙江传媒学院学报，2017（1）：61-66.

[23] 李岫. 文化产业的概念、特征与层次 [J]. 科学社会主义，2014（2）：89-90.

[24] 刘海龙，黄雅兰. 试论"文化工业"到"文化产业"的语境变迁 [J]. 山西大学学报（哲学社会科学版），2013，36（2）：110-118.

[25] 刘静，惠宁. 新中国成立70年以来文化产业的演变、特征与经验 [J].

西南民族大学学报（人文社会科学版），2020（2）：193-199.

[26] 娄勤俭. 文化产业如何成为支柱性产业？[J]. 求是，2013（15）：42-44.

[27] 骆为荣. 漫谈四川"宜宾早茶"[J]. 中国茶叶，2014（6）：47-48.

[28] 马存利. 对文化产业发展的思考[J]. 中国国情国力，2013（8）：32-33.

[29] 马志福，陈玉杰. 发达国家和发展中国家文化产业发展特点分析[J]. 中央民族大学学报（哲学社会科学版），2013（2）：46-49.

[30] 孟宝，周陶. 城市标志性形象的升级策略——以四川省宜宾市为例[J]. 安徽农业科学，2011（1）：320-322，333.

[31] 孟宪平. 文化体认流变的多维审视及现实启示[J]. 探索，2009（1）：107-112.

[32] 彭兆荣. 现代旅游中的符号经济[J]. 江西社会科学，2005（10）：28-34.

[33] 任继愈，李希凡，叶朗，等. 坚持科学发展观 推动文化建设与发展——"文化建设与发展"座谈会发言要点摘登[J]. 文艺研究，2004（3）：67-73.

[34] 邵明华. 我国农村特色文化产业生态升级：基于供给侧的视角[J]. 深圳大学学报（人文社会科学版），2020（4）：66-73.

[35] 沈丽丹，李本乾. 提升文化产业竞争力的政策路径[J]. 上海交通大学学报（哲学社会科学版），2020（4）：95-104.

[36] 石磊，胡海宁. 以文化产业为媒介的主流意识形态传播——以马克思主义生活世界理论为指引[J]. 江西社会科学，2020（5）：24-31.

[37] 滕超，黄缅. 文化产业发展因素分析[J]. 西南民族大学学报（人文社会科学版），2014（9）：149-153.

[38] 庹继光. 西部文化产业发展中的要素禀赋应用[J]. 西南民族大学学报（人文社会科学版），2014（9）：144-148.

[39] 王国平，刘凌云. 新型文化业态是文化产业结构优化升级的先导[J]. 求索，2013（7）：223-225，198.

[40] 王海龙. 视觉人类学与符号经济结构意蕴的抽象推衍[J]. 江西社会科学，2005（12）：22-25.

[41] 王慧敏. 现代文化产业体系的构建——基于历史文化资源的创意转化[J]. 社会科学，2013（11）：28-35.

[42] 王济远. 马克思理论视域下文化产业发展路径研究 [J]. 云南社会科学, 2013 (5): 149-152.

[43] 魏鹏举. 中国文化产业高质量发展的战略使命与产业内涵 [J]. 深圳大学学报 (人文社会科学版), 2020 (5): 109-111.

[44] 吴兴明. 窄化与偏离: 当前文化产业一个必须破除的思路 [J]. 当代文坛, 2013 (1): 29-34.

[45] 肖云儒. 发展文化产业的几点思考 [J]. 西安交通大学学报 (社会科学版), 2013 (2): 1-8.

[46] 熊正贤, 吴黎围. 国外经验与我国西部文化产业发展模式选择 [J]. 贵州民族研究, 2014 (4): 108-111.

[47] 徐进. "川红工夫" 宜宾茶 争当川茶排头兵 [J]. 中国茶叶, 2014 (8): 4-6.

[48] 杨洪林. 文化产业视角下乡村振兴与民族地区城乡关系重构 [J]. 云南师范大学学报 (哲学社会科学版), 2020 (3): 74-83.

[49] 杨军昌, 颜全已. 非遗茶文化特征与茶文化产业研究 [J]. 贵州民族研究, 2020 (12): 131-138.

[50] 叶舒宪. 从符号人类学到"符号经济"——文化资本博弈时代的文学增值术 [J]. 江西社会科学, 2005 (12): 14-21.

[51] 叶舒宪: 符号经济与作为非物质文化遗产的"七夕节" [J]. 江西社会科学, 2005 (10): 23-28.

[52] 禹建湘. 文化产业意识形态性是建构软实力的基点 [J]. 社会科学战线, 2013 (2): 153-158.

[53] 张鸿雁. 文化产业深化改革的切入点与行动逻辑 [J]. 江苏社会科学, 2014 (4): 7-8.

[54] 张培奇. 论当前我国文化产业政策伦理意蕴及价值取向 [J]. 内蒙古社会科学 (汉文版), 2013 (1): 121-124.

[55] 张晓晶. 试论符号经济与实体经济的关联 [J]. 中国人民大学学报, 1996 (2): 15-20.

[56] 张晓明. 把握好文化产业发展的阶段性特征 [J]. 求是, 2013 (15): 38-39.

[57] 张效廉. 大融合: 欠发达地区文化产业跨越发展之道 [J]. 求是, 2013 (14): 49-50.

[58] 周海鸥, 张云. 新时代县域文化产业的功能定位与发展路径 [J]. 河北

学刊，2020（3）：569.

[59] 周建新，胡鹏林. 中国文化产业研究 2020 年度学术报告［J］. 深圳大学学报（人文社会科学版），2021（1）：54-66.

[60] 周锦，顾江. 基于区位商理论的区域文化产业发展分析［J］. 统计与决策，2013（17）：102-105.

[61] 周莹，刘华. 以创意为核心的文化产业发展驱动要素研究［J］. 管理现代化，2014（5）：19-21.

[62] 周宇. 国外文化产业发展的经验［J］. 宏观经济管理，2013（7）：86-87.

[63] 庄友刚. 从资本的文化逻辑看文化产业的发展定位［J］. 江海学刊，2013（1）：39-44.

[64] 宗祖盼. 文化产业类型新探——基于发生学的建构逻辑［J］. 探索与争鸣，2020（6）：135-142，160.

[65] 左惠. 文化产业数字化发展趋势论析［J］. 南开学报（哲学社会科学版），2020（6）：47-58.

后　记

俗语云："一方水土养一方人。"不同地域的人群，因人文传统、风俗习惯、历史文化、地形地貌、环境气候、饮食习惯、生存方式的不同，其形成的人文历史、思想观念和文化性格特征也不相同。这些因素以其独特的方式滋养出风格各异的地方文化消费传统，从而衍生出不同的文化产业。当前，满足人民群众的文化消费需求已成为我国文化产业的重要任务和发展新动能，文化消费已成为文化产业发展的重要驱动力。国务院办公厅先后印发了《完善促进消费体制机制实施方案（2018—2020年）》《关于进一步激发文化和旅游消费潜力的意见》，引领地方文化产业结构的持续优化。

发展地方文化产业是国家振兴文化产业战略的具体措施，是对国家文化产业政策的具体落实，也是提升国家文化软实力的具体方式。伴随着国家对文化产业发展的重视及文化产业的快速发展，地方文化资源的产业化开发恰逢其时。"十四五"期间，宜宾将实现中心城区建成区面积200平方公里，常住人口200万的目标，文化消费市场潜力巨大。所有这些因素使本课题的研究显得尤其重要。

《符号经济视野下的地方文化产业研究——以宜宾为例》是本研究团队十年来聚焦宜宾文化产业发展的调研与思考的结晶。2012年，团队以"符号经济视野下宜宾文化产业研究"为题立项了四川省社科联委托项目。该项目由彭贵川教授主持，宜宾市文化广播电视和旅游局给予了大力支持。经团队充分讨论，撰写了研究大纲、章节框架和总体要求，经课题组成员反复论证，最后确定立足宜宾本土文化产业发展现状，对宜宾文化产业进行分类研究。结合课题组成员的专业特长，将章节写作任务分配到课题组各位成员。

本书具体分工如下：谢美英、彭茂轩撰写第一章，彭茂轩撰写第二章，谢美英、陈效撰写第三章，谢美英、赵洋撰写第四章，彭贵川、许盛伟撰写第五章，彭贵川撰写第六章，彭茂轩、谢美英、杨剑涛、喻玲撰写第七章。

后 记

  本书历时四年完成,由彭贵川、彭茂轩完成全书统稿工作。宜宾市文化广播电视和旅游局、宜宾市林业和竹业局、宜宾市经济和信息化局为本书提供了宝贵的支撑材料。课题组成员完成的宜宾市"翠屏区'十三五'文化发展规划"和"宜宾市文创产业发展思考"等课题,为本书后期的完善贡献了最新素材。四川省社会科学界联合会、宜宾学院为本书的出版提供了经费保障。宜宾学院文学与音乐艺术学部师生也对该书给予了帮助,在此表示衷心的感谢。

  文化产业研究涉及诸多学科,在本书写作的过程中,我们借鉴、吸取了许多同行专家学者的研究成果和开创性知识,在此表示由衷的感谢。由于种种原因,书中对所涉及的产业领域介绍不够全面,难免有挂一漏万之处,诚心诚意恳请大家批评指正。

谢美英

2022 年 6 月